SOPHIA JOHANSSON

Weil du ein wundervoller Junge bist

Einzigartige Kurzgeschichten
für Jungen zur Stärkung von Selbstvertrauen,
Mut und innerer Stärke.

LITTLE HEROES BOOKS

Inhalt

Vorwort

Liebe Eltern,
als Sie dieses Buch gekauft haben, entschieden Sie sich gewiss aus einem bestimmten Grund dafür. Wahrscheinlich sind Sie Eltern eines Sohnes, der ein bisschen mehr Mut auf seinem Lebensweg braucht, sich in der Schule manchmal nicht gut konzentrieren kann oder etwas mehr Vertrauen in sich selbst benötigt.

Möglicherweise hat Ihr Sohn Schwierigkeiten, sich in der Schule zu konzentrieren. Vielleicht bringt er schlechte Noten nach Hause oder vertraut nicht genug auf seine eigenen Fähigkeiten. Manchmal kommt es auch vor, dass Kinder andere Kinder mobben, wodurch es ebenfalls zu Schwierigkeiten hinsichtlich der Konzentration kommen kann.

Sind Sie gerade umgezogen und Ihr Sohn besucht eine neue Schule? Auch das kann dazu führen, dass sich seine Leistungen verschlechtern. Immerhin ist alles Neu und Ihr Kind muss sich mit allem erst einmal zurechtfinden. Hinzu kommt die Suche nach Anschluss und neuen Freunden.

Unser Leben ist voller Veränderungen und Erneuerungen, die besonders für Jungen schwierig zu meistern sein können. Oftmals leiden darunter das

Selbstvertrauen, Selbstbewusstsein oder Selbstwertgefühl.

Als Eltern möchte man immer das Beste für seinen Sohn. Manchmal weiß man nur nicht, was genau das Beste ist. Die Lösung kann jedoch manchmal sehr einfach sein, beispielsweise ein Buch, das genau diese Themen anspricht.

In Ihren Händen halten Sie nun dieses Buch, das auf den ersten Blick wie ein gewöhnliches Buch aussehen mag. Doch ich verspreche Ihnen, dass es dies nicht ist. Auf den nächsten Seiten finden Sie inspirierende Geschichten von Jungen, die für Jungen geschrieben wurden. Sie erzählen davon, wie man sich besser konzentrieren kann, mutiger wird, über sich selbst hinauswächst, seine eigenen Stärken erkennt und wie es gelingen kann, sich selbst so zu lieben, wie man ist.

Gerade Jungen im Alter von fünf bis acht Jahren haben es oft schwer, sich in unserer schnelllebigen Welt zurechtzufinden. In diesem Alter stehen einige Veränderungen an: Das letzte Kindergartenjahr beginnt, der Schulanfang rückt näher und die neue Zeit, nämlich die Schulzeit, bricht an. Damit geht oft einher, dass Kinder ihre Freunde aus dem Kindergarten nicht immer auch in der Schule sehen, da diese vielleicht auf eine andere Schule gehen werden. Neben all den neuen Dingen, die ein Schulstart mit sich bringt, sollen dann auch noch neue Freundschaften geknüpft werden.

Uns Erwachsenen sind diese Veränderungen oftmals nicht so sehr bewusst. Manchmal wundern wir uns, warum unsere Söhne ein verändertes Verhalten zeigen oder die Leistungen in der Schule nicht so ausfallen, wie man es sich eigentlich wünscht.

Für Kinder, insbesondere Jungen, ist es wichtig, dass wir Erwachsenen aufmerksam sind und sie auf ihrem Weg begleiten, mit ihnen reden und manchmal eine Lösung parat haben, auch wenn sie uns nicht selbst erzählen, was sie beschäftigt. Anders als Mädchen machen Jungen diese Dinge oft lieber mit sich selbst aus und kommen erst auf einen zu, wenn es gar nicht mehr geht.

Ein Mutmachbuch kann auf besondere Weise dazu beitragen, dass das Selbstvertrauen Ihres Sohnes gestärkt wird. Durch das Lesen oder Hören ähnlicher Geschichten wird Ihr Sohn lesen oder hören, dass es auch anderen Jungs so gehen kann, wie ihm. Ebenso hört er mutmachende Aussagen und erkennt, wie die Charaktere der Geschichten ihre Probleme lösen oder lernen, über sich hinauszuwachsen. Dadurch kann er besser daran arbeiten, seine Selbstzweifel zu überwinden.

In einem Mutmachbuch werden, wie eben schon erwähnt, reale Situationen beschrieben. Die Charaktere stehen jeweils vor eigenen Herausforderungen, die möglicherweise auch Ihr Sohn erlebt. So lernt Ihr Sohn, dass diese Herausforderungen normal sind und zum Leben dazugehören und wenn man diese meistert, wird man gestärkt hervorgehen.

Die Geschichten dieses Buches können dazu beitragen, das Verständnis für die eigenen Gefühle und die anderer zu fördern. Dies ist für die Förderung von Empathie sehr wichtig und fördert soziale Interaktionen auf positive Weise.

Unterstützung bei Veränderungen: Die Geschichten des Buch thematisiert den Umgang mit Veränderungen, sei es in der Schule, der Familie oder im sozialen Umfeld. Ein wichtiges Ziel des Buches ist es,

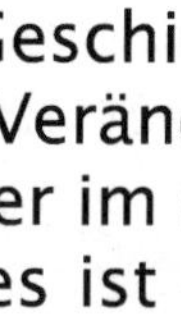

Ihrem Sohn Werkzeuge an die Hand zu geben, um Veränderungen positiv zu bewältigen.

Ihr Sohn kann durch das Buch lernen, sich selbst zu akzeptieren. Er durch die realen Erlebnisse der Charaktere dazu ermutigt, die eigene Einzigartigkeit zu schätzen und sich nicht mit anderen zu vergleichen. Das Buch vermittelt außerdem, dass die Vielfalt und Inklusion wichtige Werte sind. So trägt es dazu bei, dass Ihr Sohn ein Verständnis für unterschiedliche Hintergründe und Perspektiven entwickelt. Dadurch, dass die Geschichten, die die Vorstellungskraft anregen, kann Ihr Sohn dazu ermutigt werden, kreativ zu denken und selbst Lösungen für Probleme zu finden.

Und genau hier setzt das Buch an. Die Geschichten auf den nächsten Seiten erzählen alle von Jungen, die ähnliche Dinge erleben. Sie lernen, mit ihren Sorgen umzugehen und wie wichtig es ist, mit einem Erwachsenen zu sprechen, wenn sie einmal nicht weiterwissen. Am Ende jeder Geschichte gibt es Platz für Selbstreflexion und für Gespräche mit Ihrem Sohn. Das hilft Ihnen und Ihrem Sohn dabei, über die Geschichten und mögliche Parallelen zu sprechen. Diese Gespräche sind wichtig und ich möchte Ihnen ans Herz legen, auch ohne das Buch mit Ihrem Sohn regelmäßig zu reflektieren. Durch die Erkenntnisse, die man mithilfe der Reflexion gewinnt, kann Ihr Sohn gestärkt werden und findet für so manches Problem später selbst eine Lösung.Gespräche, die so viel Vertrauen abverlangen, sorgen außerdem für eine stärkere Bindung zwischen Ihnen und Ihrem Sohn. So weiß er ganz sicher, dass er

immer mit Ihnen reden kann, und wird sich zukünftig eher öffnen.

Des Weiteren beinhaltet jedes Kapitel eine spaßige Übung, die Ihr Sohn allein oder auch mit Ihnen ausführen kann, um mutiger, selbstbewusster oder stärker zu werden. Zudem gibt es die eine oder andere einfache Übung, mit welcher Ihr Sohn Unterstützung bekommt, um sich besser konzentrieren zu können. Das Beste an den Übungen ist, dass sie einfach umsetzbar und mit wenig Materialaufwand ausgeführt werden können. So kann Ihr Sohn beispielsweise eine Atemübung auch in der Schule anwenden, ohne die Mitschüler oder den Unterricht zu stören.

Sie können Ihren Sohn selbst lesen lassen oder aber am Abend gemeinsame Leserituale schaffen und ihm aus dem Buch vorlesen. Es ist für beide Varianten sehr gut geeignet. Vielleicht möchten auch Sie sich etwas vorlesen lassen. Egal, wofür Sie sich entscheiden, ich wünsche Ihnen und Ihrem Sohn eine große Menge an Lesefreude.

Fassen wir noch einmal zusammen, wie das Buch anzuwenden ist:

- Lassen Sie Ihren Sohn die Geschichten selbst lesen oder lesen Sie ihm vor.
- Führen Sie im Anschluss Gespräche über die Geschichte. Nutzen Sie dazu die Fragen zur Reflexion, welche im Anschluss jeder Geschichte zu finden sind.
- Präsentieren Sie Ihrem Sohn die Übungen. Diese können Sie jederzeit gemeinsam wiederholen. So festigen sich diese und Ihr Sohn kann sie selbstständig ausführen.

• Führen Sie regelmäßige Gespräche, um von Ihrem Sohn zu erfahren, ob sich seine Situation bereits gebessert hat.

„Mut brüllt nicht immer. Manchmal ist Mut die kleine Stimme am Ende des Tages, die sagt, ich versuche es morgen noch einmal.“
– Mary Anne Rademacher

Kapitel 1:
Tom kommt in die Vorschule

Es ist Montagmorgen und zu Hause bei Tom herrscht große Aufregung. Heute ist ein großer Tag für Tom, denn er hat seinen ersten Vorschultag. Jetzt gehört er zu den Großen im Kindergarten. Noch vor wenigen Wochen hatte er sich riesig gefreut, schon bald ein Vorschulkind zu sein. Doch an diesem Montagmorgen ist etwas anders. Tom ist still und schiebt sein Müsli mit dem Löffel immer wieder hin und her. Nachdenklich schaut er dabei zu, wie sich die Milch in seiner Schüssel den Weg um das Müsli herum bahnt.

Seine Mutter sitzt ebenfalls am Tisch und bereitet gerade ein paar Snacks für die Vorschulgruppe vor. Plötzlich fällt ihr auf, dass Tom bisher nicht viel gegessen hat. Sie wundert sich, denn sonst hat er um diese Zeit schon eine zweite Portion oder einen Joghurt vor sich stehen.

„Was hast du denn, Tom? Fühlst du dich nicht gut?", fragt sie behutsam nach. Ihr Blick ruht auf ihm. Tom schaut sie an und seufzt. Für einen Moment sagt er kein einziges Wort, entscheidet sich jedoch dafür, mit seiner Mutter zu sprechen.

„Weißt du, ich freue mich ja auf die Vorschule. Aber die Erzieherin hat gesagt, dass jetzt alles anders wird und wir ganz viele neue Regeln bekommen." Erwartungsvoll sieht er seine Mutter an.

„Nun, ich kann verstehen, dass dir das ein wenig Bauchschmerzen bereitet. Auch bei mir war es damals so, als ich in die Vorschule kam. Ich weiß noch, dass ich an meinem ersten Tag nicht aus dem Bett aufstehen wollte. Deine Oma hat dann aber gesagt, dass ich irgendwann ja sowieso hingehen muss, denn wer nicht zur Vorschule geht, lernt nicht, was für die Schule wichtig ist. Und wenn man das nicht lernt, wird es in der Schule umso schwieriger. Also musste ich zur Vorschule gehen. Als ich dann dort war, habe ich gemerkt, dass alles gar nicht so schlimm war. Vielleicht solltest du erst einmal abwarten und dir nicht schon vorher so viele Gedanken machen. Am Ende wird es dir bestimmt gefallen."

Tom hatte aufmerksam zugehört. Die Worte seiner Mama hatten ihm gezeigt, dass es nicht nur ihm so ging. Wahrscheinlich hatten alle Kinder etwas Angst vor ihrem ersten Vorschultag. Und doch blieb die Angst in ihm bestehen. Er machte sich so viele Gedanken, dass er gar keinen Hunger mehr hatte und sein Müsli beiseiteschob.

„Aber wie soll ich mir die vielen Regeln merken? Was ist, wenn ich etwas falsch mache? Was ist, wenn ich vergesse, wo etwas hingehört? Die anderen werden mich auslachen, wenn ich Fehler mache." Tom sprach so hastig, dass seine Mutter Mühe hatte, ihm zu folgen.

„Wenn du einmal etwas nicht weißt, ist das nicht so schlimm. Dann kannst du nachfragen. Niemand weiß alles sofort", erklärte seine Mutter liebevoll, „aber nun sollten wir uns fertig machen und zum Kindergarten gehen."

Tom nickte still und nahm sein Glas Orangensaft, um es auszutrinken, ehe er seine Sachen anzog. Obwohl er noch immer so ein komisches Gefühl im Bauch hatte, beschloss Tom, alles auf sich zukommen zu lassen. Er stand auf und räumte sein Glas weg, lief ins Bad, um sein Gesicht zu waschen, und dann zum Flur, wo seine Mutter bereits die neuen Schuhe und eine Jacke bereitgelegt hatte.

Nachdem beide angezogen waren, fuhren sie los. Der Weg von zu Hause zum Kindergarten war nicht weit. Manchmal durfte Tom sogar selbst nach Hause laufen. In diesem Moment erinnerte er sich daran, dass er auch hier anfangs sehr viel Angst hatte, sich zu verlaufen. Mit ein wenig Übung hatte er sich den Heimweg allerdings gut einprägen können. Allmählich wuchs in ihm etwas Hoffnung heran, dass die Vorschule vielleicht doch nicht so schlimm werden würde.

Toms Mutter brachte ihn noch in den Kindergarten hinein, wo er selbstständig Schuhe und Jacke ablegte, während seine Mutter die Snacks zur Erzieherin brachte. Als sie wiederkam, war Tom bereit für den Kindergarten. Zum Glück ging die Vorschule erst später los und er konnte noch mit seinen Freunden spielen.

„Du wirst heute einen tollen Tag haben, da bin ich mir ganz sicher. Und heute Abend kannst du mir dann alles erzählen“, sprach seine Mutter, als sie sich verabschiedete. Schließlich fügte sie noch hinzu: „Hab keine Angst davor, einen Fehler zu machen. Die gehören zum Leben dazu und sogar wir Erwachsene machen hin und wieder Fehler. Du schaffst das, mein großer Tom.“ Aufmunternd lächelte sie ihm zu, bevor sie ging.

Tom hatte den ganzen Vormittag Zeit, mit seinen Freunden zu spielen. Zusammen bauten sie eine große Eisenbahnstrecke auf und ließen ihre Züge umherfahren. Später halfen sie dem Hausmeister dabei, einen Gartenzaun zu reparieren. Gegen 11:00 Uhr war es dann so weit. Die Erzieherin rief Toms Gruppe zusammen, um mit ihnen die Vorschule zu starten.

Aufgeregt liefen er und seine Freunde der Erzieherin nach. Diese hatte bereits am Morgen den Vorschulraum vorbereitet. Als die Tür aufging, standen die Tische dort ganz anders als sonst, wenn sie in dem Raum waren. Marie, so hieß seine Erzieherin, hatte die Tische wie ein U gestellt, damit alle Kinder sehen konnten, was sie in der Mitte unter einem großen Tuch versteckt hatte.

„Hallo liebe Vorschüler. Jetzt sind wir tatsächlich die große Gruppe und es dauert nicht mehr lange, dann kommt ihr schon in die Schule. Wisst ihr eigentlich, dass ich sehr stolz auf euch bin? Ihr habt so viel gelernt und nun seid ihr die Großen. Aber ich bin auch ein bisschen traurig darüber, dass ihr schon bald woanders weiterlernen werdet. Doch so weit sind wir ja noch nicht. Ich darf noch ein paar Monate Zeit mit euch verbringen. Und ich verspreche euch, dass wir viele tolle Dinge entdecken werden."

„Wir werden dich auch ganz doll vermissen", rief Theresa aufgeregt.

„Das ist lieb von euch. Bevor ich euch zeigen werde, was ich unter dem Tuch versteckt habe, möchte ich euch drei Regeln nennen, die für unsere Vorschulzeit und später für die Schule wichtig sind. Damit ihr euch diese gut merken könnt, habe ich sie aufgeschrieben und aufgemalt, denn das Lesen lernt ihr ja erst noch. Vielleicht könnt ihr mir helfen, die Regeln vorzustellen. Was seht ihr auf dem Plakat?", fragte Marie die Vorschüler.

Tom betrachtete das Plakat und erkannte, dass es gar nicht so viele Regeln waren. Erleichtert stieß er etwas Luft aus und hörte, dass Marlon erklärte, dass auf Bild eins ein Kind zu sehen war, dass sich meldete.

„Sehr gut. Das ist richtig. In der Vorschule wollt ihr ja ganz viel lernen, das geht aber nur, wenn wir Rücksicht auf die anderen nehmen und nicht einfach etwas reinrufen. Wer etwas sagen oder fragen will, der meldet sich. Und was sehen wir auf dem zweiten Bild?" Marie blickte in die Runde, um sich das nächste Kind auszusuchen, das antworten konnte. Sie sah, dass Tom das Plakat aufmerksam ansah, und wählte ihn aus.

Aufregung machte sich in ihm breit, denn er war sich nicht sicher, was das Bild darstellte. Zögerlich antwortete er: „Da ist ein Mädchen, das etwas in ein Regal legt. Bestimmt heißt das, dass wir immer aufräumen müssen." Max und Fritz lachten, was Tom sofort verunsicherte, da er glaubte, die Antwort sei falsch.

„Da gibt es nichts zu lachen, ihr beiden. Tom hat es genau richtig erklärt. Sehr gut gemacht", sagte sie und lächelte Tom an.

Die dritte Regel durfte Melissa vorstellen, die sich schon die ganze Zeit gemeldet hatte.

„Ich glaube, da ist ein Mund drauf und ein Finger. Das heißt, wir müssen leise sein."

„Sehr gut, Melissa. Das ist richtig. Jetzt kennt ihr also unsere drei Regeln. Damit ihr sie aber immer wieder anschauen könnt, hänge ich das Plakat nachher an der Wand auf. So kann sie keiner vergessen. Jetzt möchte ich euch aber zeigen, was ich unter dem Tuch versteckt habe."

Langsam und vorsichtig hob Marie das Tuch in die Höhe. Darunter verbarg sich ein Schulranzen und um ihn herum lagen verschiedene Dinge, welche die Kinder benennen mussten. Die zweite Aufgabe war, herauszufinden, was denn alles in einen Schulranzen gehörte und was man lieber zu Hause ließ.

Anders, als erwartet hatte Tom viel Freude an seinem ersten Vorschultag. Er hatte sogar einige Fragen richtig beantworten können, obwohl er anfangs sehr nervös war. All seine Erlebnisse erzählte er am Abend seiner Mutter mit großer Begeisterung und zeigte ihr das erste Vorschulblatt, welches sie bekommen haben. Darauf waren ein Schulranzen und viele verschiedene Dinge zu sehen. Mithilfe von

Linien sollte er zuordnen, was in den Schulranzen durfte und was nicht. Am Ende konnte das Bild ausgemalt werden.

„Siehst du, Tom. Manchmal hat man ganz viel Angst, wenn etwas Neues auf einen wartet, und am Ende ist es doch nicht schlimm. Das ist vollkommen in Ordnung und geht jedem so. Wichtig ist, dass du dich traust, das Neue auszuprobieren, und dabei erkennst, dass manches gar nicht so schlimm ist."

„Und morgen gehe ich wieder in die Vorschule", antwortete er aufgeregt. „Ich bin gespannt, was es dann zu entdecken gibt." Ein Lächeln breitete sich über Toms Gesicht aus. Er freute sich, dass die Vorschule so viel Spaß machte.

„Ich bin stolz auf dich, mein Großer." Seine Mutter nahm das Buch vom Regal, um ihm wie jeden Abend eine Geschichte vor dem Schlafen vorzulesen. Tom war sich sicher, irgendwann würde er ihr auch etwas vorlesen können. Fürs Erste aber genoss er die gemeinsame Zeit mit ihr.

Hier ist Platz für Gespräche
Das war ja eine schöne Geschichte, nicht wahr? Ich habe dazu ein paar Fragen vorbereitet, die du beantworten kannst. Nutze sie, um mit deinen Eltern über das zu sprechen, was dich selbst vielleicht beschäftigt. Du kannst dir auch ein paar Dinge aufschreiben. Wenn du noch nicht schreiben kannst, darfst du gerne etwas malen oder deine Eltern bitten, das aufzuschreiben, was du möchtest.

Was gefiel dir an Toms Geschichte am besten?

Welche Regeln gibt es in deiner Vorschule? Welche davon machen dir Sorgen?

Was hast du bisher gemacht, wenn du vor etwas Angst hattest?

Was oder wer hat dir geholfen, um Ängste zu überwinden?

Welche Botschaften versucht die Erzieherin Marie den Vorschulkindern zu vermitteln?

Was denkst du, was Tom am meisten Spaß gemacht hat an seinem ersten Vorschultag?

Übung 1: Meine Angst wird ganz klein

Manchmal stehen wir vor neuen Herausforderungen. Diese können ganz schön für Aufregung und Vorfreude sorgen. Es kann aber auch vorkommen, dass diese einem Angst und ein ungutes Gefühl bescheren. Das ist normal. Angst gehört zum Leben dazu. Es gibt allerdings kleine Tricks, die dir helfen, die Ängste ganz klein werden zu lassen. Einer davon ist

die folgende Übung. Du kannst sie jederzeit und so oft du möchtest durchführen.

Und so geht's:

- Setze dich an einen ruhigen Ort, wo du dich wohlfühlst. Das kann dein Lieblingssessel oder ein weicher Teppich sein.
- Lehne dich entspannt zurück. Finde eine bequeme Position, in der du dich gut entspannen kannst.
- Lege deine Hände sanft vor dein Gesicht, sodass du deine Augen bedeckst. Das hilft, dich besser zu konzentrieren.
- Atme nun langsam und tief durch die Nase ein, bis dein Bauch sich ganz groß anfühlt. Spüre, wie die Luft deinen Bauch füllt.
- Halte kurz die Luft an und spüre, wie sich dein Körper darauf einstellt.
- Lasse die Luft nun ganz langsam durch den Mund wieder heraus. Spüre, wie sich die Anspannung dabei löst.
- Mach das insgesamt fünfmal. Atme ein, halte kurz an und atme wieder aus. Zähle vielleicht mit den Fingern mit, um es zu üben.
- Wenn du dich entspannt fühlst, nimm langsam deine Hände weg. Öffne dann deine Augen.

Mache zum Schluss noch eine lustige Grimasse! Zeig mir, wie witzig du sein kannst.

Fazit: Das hat sich doch gut angefühlt, oder? Zuerst hast du dich selbst beruhigt und dann die Angst mit einer lustigen Grimasse ganz klein werden lassen.

Kapitel 2:
Aaron traut sich nicht

Aaron sitzt in seinem Zimmer und schaut nachdenklich aus dem Fenster. Eigentlich müsste er sich schon längst für die Schule fertig machen, denn wie jeden Morgen hat es sein Vater eilig. Er bringt Aaron zur Schule und fährt anschließend zur Arbeit.

„Aaron, du musst dich beeilen, wenn du noch etwas zum Frühstück essen möchtest. Dein Vater muss auch gleich zur Arbeit“, rief seine Mutter aus der Küche. Sie war schon früh auf, hatte den Frühstückstisch gedeckt und machte in diesem Moment die Brotdose ihres Sohnes fertig. Am Tisch saß Aarons Vater, der bereits seine E-Mails beantwortete, denn er wusste, dass es wieder sehr knapp werden würde, ehe sie losfuhren.

„Ich komme ja gleich“, antwortete Aaron genervt und packte noch schnell seine Federmappe in den Schulranzen. Aaron war seit ein paar Wochen in der ersten Klasse. Noch während der letzten Wochen im Kindergarten hatte er es kaum erwarten können, endlich ein Schulkind zu werden. Nun war er es, aber er wirkte an manchen Tagen ganz und gar nicht

zufrieden. Wenn seine Mutter ihn fragte, was denn los sei, hielt er sich zurück und sagte nur, dass der Unterricht manchmal ziemlich anstrengend war. Die Wahrheit hatte er ihr jedoch nicht gesagt.

Mürrisch und noch ein wenig verschlafen kam er schließlich die Treppe herab, stellte seinen Schulranzen an die Garderobe und setzte sich zu seinen Eltern an den Tisch. Da er am Abend zuvor sehr traurig auf seine Mutter wirkte, hatte sie ihm an diesem Tag einen lustigen Frühstücksteller vorbereitet. Brot und Gemüse stellten ein Bild von einem Traktor dar, der über eine Wiese aus Gurken fuhr. Natürlich freute er sich sehr darüber, doch sobald er an die Schule dachte, verschwand sein Hunger.

„Aaron, mein Schatz. Wenn dich etwas bedrückt, kannst du jederzeit mit uns reden“, sprach seine Mutter, die besorgt beobachtet hatte, dass er kaum etwas aß.

„Hast du Ärger in der Schule?“, fragte sein Vater.

„Nein, es ist nur manchmal ganz schön anstrengend, zwischen den Stunden alles vorzubereiten. Ich vergesse manchmal was.“ Er stieß einen tiefen Seufzer aus, was seine Eltern ahnen ließ, dass dies längst nicht alles war.

„Das kann ich mir vorstellen. Aber du bist erst seit ein paar Wochen in der Schule und musst dich erst an alles Neue gewöhnen. Das wird mit der Zeit besser“, erklärte seine Mutter liebevoll.

„Wenn wir schon von Zeit sprechen“, begann sein Vater, „dann sollten wir uns jetzt aber wirklich beeilen, denn sonst kommen wir beide zu spät.“

Während sein Vater sich anzog, aß Aaron noch schnell sein Brot auf, lief dann ins Bad und putzte sich die Zähne. Anschließend wurde es wirklich Zeit, dass sie losfuhren, denn schon in 15 Minuten würde der Unterricht losgehen. Zum Glück war der Weg zwischen Schule und seinem Zuhause nicht so weit.

Die ganze Zeit über sagte Aaron nicht ein Wort. Wenn sein Vater ihn früher zum Kindergarten gefahren hatte, war dies jedoch anders. Er plapperte unaufhörlich und dachte sich kuriose Geschichten aus. Dies machte seinen Vater stutzig, vor allem, wenn er sich an das Gespräch am Frühstückstisch erinnerte.

„Es scheint so, als hättest du uns heute Morgen nicht alles gesagt“, sprach sein Vater vorsichtig, um Aaron aus der Reserve zu locken.

„Hm“, machte Aaron und haderte mit sich selbst, ob er sich seinem Vater anvertrauen sollte. Nach langem Überlegen entschloss er sich dazu, mit seinem Vater zu sprechen: „Die anderen Kinder können viel mehr als ich. Alle melden sich immer, um der Lehrerin zu antworten oder an der Tafel eine Aufgabe zu lösen. Ich möchte das auch so gern, denn meine Lehrerin hat gesagt, wer gut mitarbeitet, kann viel schneller lernen und bekommt später auch bessere Noten.“

„Das verstehe ich. Manchmal glaubt man einfach nicht an sich selbst. Das ist ganz normal. Sogar wir Erwachsene haben manchmal so eine Phase."

„Wirklich?", fragte Aaron erstaunt. Gerade von seinem Vater hatte er immer geglaubt, dass er alles ohne Probleme meistern konnte.

„Ja. Kannst du dich an das große Projekt erinnern, von dem ich vor deinem Schulanfang erzählt hatte?"

Aaron überlegte einen Moment und erinnerte sich dann wieder daran.

„Ja, da warst du ganz schön aufgeregt."

„Genau. Auch ich habe gedacht, dass ich es nicht schaffen werde, die Präsentation vor meinen Kollegen zu halten und erst recht nicht vor den Kunden, die wir gewinnen wollten. Doch deine Mutter hatte mir am Abend zuvor gesagt, dass man sich manchmal gerade dann trauen muss. Oft ist es nur die Stimme in unserem Kopf, welche uns einredet, dass wir manche Sachen nicht können. Wer sich gut vorbereitet, sollte einfach all seinen Mut zusammenfassen und sich seinen neuen Aufgaben widmen. Und du, mein Sohn, du bist clever. Im Kindergarten hast du bereits angefangen, zu schreiben und zu rechnen. Kein anderes Kind aus deiner Gruppe hat das geschafft. Deswegen weiß ich auch, was in dir steckt. Versuche, dich daran zu erinnern, und du wirst sehen, dass du mindestens genauso schlau wie die anderen Kinder bist."

Kaum hatte sein Vater den Satz beendet, hielten sie vor der Schule von Aaron. Ehe er ausstieg, bedankte er sich bei seinem Vater und versprach ihm, heute nicht auf die Stimme in seinem Kopf zu hören, sondern auf sein Herz. Danach schnappte er sich seinen Schulranzen und lief in das Schulgebäude.

An seinem Platz packte er alle Unterrichtsmaterialien für die erste Stunde aus. Heute hatten sie zuerst Mathematik. Er liebte Zahlen schon seit dem Vorschuljahr im Kindergarten. Ein Lächeln breitete sich auf seinem Gesicht aus, als er sich an die Worte seines Vaters heute Morgen erinnerte. Als dann der Unterricht begann, schrieb die Lehrerin einige Rechenaufgaben an die Tafel.

Die Kinder sollten diese Aufgaben abschreiben und lösen. Im Anschluss daran suchte die Lehrerin immer einen Schüler aus, der an die Tafel kommen und die Ergebnisse hinter die Aufgaben schreiben sollte. Dank seines Vaters und seiner Erinnerungen fasste Aaron allen Mut zusammen und meldete sich bei jeder Aufgabe. Zwar nahm die Lehrerin ihn nicht jedes Mal dran, doch es fiel ihr auf, dass Aaron plötzlich verändert wirkte.

Endlich durfte er zur Tafel kommen, um das Ergebnis einer Aufgabe aufzuschreiben. Es war richtig, ebenso die Ergebnisse, die er in seinem Heft notiert hatte. Nach dem Unterricht rief die Lehrerin ihn zu sich, um ihm zu sagen, dass ihr seine Mitarbeit heute besonders gut gefallen hat. Sie fragte, was zu seiner Veränderung beigetragen hatte. Aaron erzählte ihr von seinem Vorschuljahr und auch von seinen Ängsten, die er in der Schule manchmal hatte. Außerdem erklärte er ihr, was sein Vater heute Morgen zu ihm sagte.

„Nun, da hat dein Vater wirklich recht. Und ich möchte dir noch sagen, dass man nicht immer alles richtig machen kann. Auch wenn du einmal einen Fehler machst, ist das nicht schlimm. Jeder Mensch macht Fehler und diese sind auch wichtig. Wer

Fehler macht, lernt immer wieder dazu. Und du, Aaron, bist schon jetzt ein ganz toller Schüler.“

Aaron freute sich über das Kompliment seiner Lehrerin, welches ihn motivierte, auch in den nächsten Unterrichtsstunden fleißig mitzuarbeiten. Zwar hatte er immer noch ein wenig Angst, doch er hatte verstanden, dass es in Ordnung war, auch einmal einen Fehler zu machen.

Als er mit seiner Familie am Abend zusammensaß, erzählte er auch seiner Mutter, warum er in den letzten Wochen so betrübt war und dass sein Vater und die Lehrerin ihm an diesem Tag sehr geholfen hatten. Sie sprachen noch eine ganze Weile über seinen Tag und ehe er einschlief, ließ seine Mutter ihn wissen, dass sie stolz auf ihn war und immer für ihn da sein wird.

Hier ist Platz für Gespräche
Das war ja eine schöne Geschichte, nicht wahr? Ich habe dazu ein paar Fragen vorbereitet, die du beantworten kannst. Nutze sie, um mit deinen Eltern über das zu sprechen, was dich selbst vielleicht beschäftigt. Du kannst dir auch ein paar Dinge aufschreiben. Wenn du noch nicht schreiben kannst, darfst du gerne etwas malen oder deine Eltern bitten, das aufzuschreiben, was du möchtest.

Was hat Aaron morgens für ein Frühstück bekommen und warum?

Warum fühlt sich Aaron manchmal unzufrieden in der Schule, obwohl er sich vorher darauf gefreut hat?

Was hat Aarons Vater getan, um Aaron dazu zu ermutigen, über seine Sorgen zu sprechen?

Was hat Aarons Vater über seine eigenen Erfahrungen erzählt, um Aaron zu helfen?

Warum hat sich Aarons Einstellung zur Schule nach dem Gespräch mit seinem Vater verändert?

Wie hat sich Aarons Verhalten im Mathematikunterricht nach dem Gespräch mit seinem Vater verändert?

Übung 2: Finde deine Stärken heraus

Welche Stärken hast du? Kennst du deine Stärken bereits? Hast du schon einmal darüber nachgedacht oder hat dir schon einmal jemand gesagt, was du besonders gut kannst? Manchmal ist es gar nicht so leicht, die eigenen Stärken zu erkennen. Die folgende Übung kann dir dabei wunderbar helfen.

Und so geht's:

- Schnapp dir ein Blatt Papier und ein paar bunte Stifte, die dir gefallen.
- Male ein Bild von dir in die Mitte des Papiers. Denke daran, genügend Platz ringsherum zu lassen, denn wir werden noch etwas darauf schreiben.
- Schaue dir dein gemaltes Selbstbild an und denke darüber nach, was du besonders gut kannst. Vielleicht sind es Dinge wie Zeichnen, Lachen oder auch gut zuhören.
- Schreibe alles auf, was dir einfällt! Deine Eltern können dir dabei helfen, wenn du möchtest.
- Wir können dann gemeinsam dein Bild einrahmen, damit du es auf deinen Nachttisch stellen kannst. Es wird dir helfen, positiv über dich selbst nachzudenken.

Jeden Abend vor dem Schlafen oder am Morgen, wenn du aufwachst, kannst du dir deine Stärken durchlesen. Das wird deiner inneren Stimme helfen, weniger negative Dinge zu sagen, und sich stattdessen mehr auf deine Stärken zu fokussieren.

Fazit: Das hat sich doch gut angefühlt, oder? Du kannst das Bild jederzeit erneuern, denn je mehr du lernst, desto mehr Stärken kommen hinzu.

Kapitel 3:
Als Marco sich nicht konzentrieren konnte

Das ist die Geschichte von Marco. Er ist acht Jahre alt und geht bereits in die zweite Klasse. Da sein Vater eine neue Arbeit bekommen hatte, mussten er und seine Familie in ein neues zu Hause umziehen. Das bedeutete auch, dass Marco nun eine neue Schule besuchen musste und in eine neue Klasse kam. Seit vier Wochen besuchte er nun diese Schule, doch so richtig wohl fühlte er sich hier nicht. Alles war fremd und laut. In seiner ersten Schule waren gerade einmal 16 Kinder in der Klasse. Jetzt ist die Klasse voll und 25 Kinder können ganz schön viel Lärm verursachen.

Als Marco noch an seiner alten Schule war, hatte er viel Freude am Unterricht. Es machte ihm Spaß, das Lesen zu lernen, zu rechnen und noch so vieles mehr. Im Unterricht konnte Marco gut mitarbeiten. Alles, was die Lehrerin erklärte, verstand er sofort. Doch in der neuen Klasse fiel ihm das Ganze bisher gar nicht leicht. Sein Platz befand sich in der Mitte des Zimmers. Oft war es im Unterricht laut. Der neue

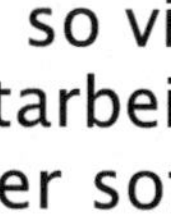

Lehrer bemerkte dies und schimpfte mit den störenden Kindern, doch die Ruhe hielt nicht lange an.

Wenn der Lehrer etwas erklärte, kann Marco dem nicht folgen. Manchmal kommt es dann vor, dass er sich mit anderen Dingen beschäftigt. Vergangene Woche hatte der Lehrer bemerkt, dass Marco nicht am Unterricht teilnahm und etwas auf sein Papier kritzelte. Natürlich bekam er dafür Ärger. Aber all seine Erklärungsversuche waren umsonst. Der Lehrer war genervt von den störenden Schülern und wollte kein Wort von Marco hören.

Eines Nachmittags saß Marco traurig auf dem Schulhof. Ein Mädchen aus seiner Klasse, Marie, kam zu ihm und versuchte, ihn aufzumuntern.

„Du fühlst dich bestimmt komisch“, begann sie. „Ich kenne das. Als ich letztes Jahr neu in die Klasse kam, ging mir das auch so.“ Marco staunte nicht schlecht. Er hatte gedacht, dass er der Einzige sei, der neu hinzugekommen war.

„Warum musstest du die Schule wechseln?“, fragte er.

„Meine alte Schule wurde geschlossen, weil in unserem Ort zu wenig Kinder wohnen. Deshalb müssen wir nun alle hierher.“ Marie stieß einen wehmütigen Seufzer aus. Wenn sie von ihrer alten Schule sprach, wünschte sie sich oft, wieder dort hingehen zu können.

„Mein Vater hat eine neue Arbeit und wir mussten umziehen. Sonst wäre ich bestimmt noch an meiner alten Schule. Dort war alles viel besser. Wir waren nicht viele Kinder in der Klasse und die Lehrer hatten Zeit für uns. In unsere Klasse gehen nun sehr viele Kinder und es ist immer laut. Ich kann mich gar nicht konzentrieren.“

„Vielleicht hilft es, wenn du vor dem Unterricht mit dem Lehrer sprichst. Erkläre ihm einfach, dass du dich wegen des Lärms der anderen nicht so gut konzentrieren kannst. Bestimmt hört er dir dann zu.“ Marco überlegte einen Moment. Maries Vorschlag klang vernünftig. Doch eigentlich war es nicht nur der Lärm im Unterricht, sondern die allgemeine neue Situation: ein neues Zuhause, ein neuer Schulweg, neue Mitschüler, der neue Stundenplan, neue Lehrer und noch so vieles mehr. Marco wusste gar nicht,

womit er zuerst zurechtkommen sollte. Es war ihm alles zu viel.

Einen Moment lang schwieg er noch, doch dann erzählte er Marie von all seinen Sorgen. Aufmerksam hörte sie ihm zu und überlegte, wie sie ihm helfen konnte. Allerdings hatte sie in diesem Moment keine Ahnung, was sie tun könnte.

Wenig später kam Marcos Mutter, um ihn abzuholen. Er verabschiedete sich von Marie und lief zu seiner Mutter.

„Das ist ja schön. Du hast eine Freundin gefunden", begrüßte sie ihn. „Na ja, ob wir Freunde sind, weiß ich eigentlich nicht. Ich habe hier auf dich gewartet und sie kam einfach zu mir", erklärte Marco.

„Irgendwie wirkst du heute traurig. Ist etwas passiert?" Noch ehe Marco antworten konnte, kam sein Lehrer auf die beiden zu. Marco wusste, dass er seiner Mutter nun erzählen würde, dass er im Unterricht manchmal auf seinem Papier kritzelte. Und genau so kam es. Der Lehrer erzählte außerdem, dass Marco sehr unkonzentriert im Unterricht wirkt.

„Es ist ja auch noch alles neu für ihn", begann seine Mutter, zu erklären. „Und außerdem sind die anderen Jungs oft so laut, dass er gar nicht versteht, was Sie an der Tafel erklären. Eigentlich gehe ich gerne zur Schule, aber im Moment gefällt es mir gar nicht." Zum ersten Mal hörte der Lehrer aufmerksam zu. Er schien zu überlegen, wie er Marco helfen konnte.

„Ich werde mir heute Abend zu Hause Gedanken machen, wie wir die Situation lösen können. Es ist gut, dass du mir offen und ehrlich sagst, wie es dir geht. Ich kann mir vorstellen, dass die Umstände gerade nicht einfach für dich sind. Immerhin ist alles neu. Eines aber kann ich dir heute schon sagen. Du kannst jederzeit mit mir sprechen und ich werde versuchen, eine gute Lösung für uns alle zu finden." Marcos Mutter bedankte sich und schließlich fuhren beide nach Hause.

Am Abend, als sie ihn ins Bett brachte, erzählte er ihr, wie es im Unterricht manchmal zuging. Geduldig hörte sie ihm zu und tröstete ihn.

„Was hältst du davon, wenn wir uns am Wochenende ansehen, was ihr diese Woche in der Schule besprochen habt? Bestimmt kann ich dir ein paar Dinge erklären, damit du im Unterricht nichts verpasst. Da fällt mir ein, ich kenne eine gute Übung, die dir helfen kann, dich besser zu konzentrieren, auch wenn es um dich herum manchmal etwas laut ist. Auch diese werde ich dir am Wochenende vorstellen." Sie unterhielten sich noch eine Weile, ehe sie aus dem Zimmer ging und Marco einschlief.

Am nächsten Tag wartete im Klassenzimmer bereits eine große Überraschung auf Marco und all seine Mitschüler. Der Lehrer war bereits früh am Morgen in die Schule gegangen, um seine neue Idee umzusetzen. Er hatte alle Tische zu einem großen umgestellt und die Sitzplätze der Kinder geändert. Jeder Junge saß nun neben einem Mädchen. So konnten die drei störenden Mitschüler nicht mehr ungehindert miteinander ihre Späße treiben.

Marco saß nun außerdem weiter vorn, damit er, sollte es doch einmal zu Lärm kommen, den Lehrern dennoch folgen konnte.

„Guten Morgen", sprach der Lehrer, als er zur Tür hereinkam. „Wie ich sehe, hat jeder seinen neuen Platz bereits gefunden. Doch ehe wir mit dem Unterricht beginnen, möchte ich, dass ihr alle einmal

aufsteht. Stellt euch am besten hinter den Stuhl, sodass jeder genug Platz hat. Und nun macht zehnmal den Hampelmann. Ich werde laut mitzählen.“ Amüsiert und interessiert beteiligten sich alle Mitschüler an der Übung. Danach durften sie sich setzen. Der Lehrer erklärte ein paar neue Regeln, die ab sofort für die Klasse galten. Jeden Morgen wollte er zukünftig mit ihnen eine kleine Lockerungsübung machen, damit auch der Letzte ausgeschlafen hatte. Zudem versprach er, dass er solche Übungen auch zwischendurch einmal mit den Kindern ausprobieren würde, da diese die Konzentration fördern würden. Dies könnte er aber nur umsetzen, wenn es fortan ruhiger in der Klasse zugehen würde.

Marco war begeistert von der Idee seines Lehrers. Er hoffte, dass es nun ruhiger in der Klasse zugehen würde. Insgeheim freute er sich aber auf all die Lockerungsübungen, denn von seiner Mutter wusste er bereits, dass man sich danach viel besser konzentrieren konnte. Und tatsächlich, die neue Tischordnung und die neuen Regeln halfen den Schülern, sich besser konzentrieren zu können, und sorgten dafür, dass es weniger laut zuging. Jeder konnte nun ordentlich mitarbeiten und die Späße wurden auf die Pausen verlegt.

So fühlte Marco sich in der neuen Schule wohl. Der Unterricht machte ihm wieder mehr Spaß. Von seiner Mutter hatte er außerdem einige Übungen gelernt, die ihm halfen, sich noch besser zu konzentrieren, sollte ihn einmal etwas anderes ablenken. Marie, die an jenem Nachmittag zu ihm kam, war nicht nur seine neue Freundin. In den letzten Wochen hatte sie ihm geholfen, wenn er im Unterricht einmal etwas nicht verstanden hatte. Zusammen machte ihnen das Lernen nun viel mehr Spaß.

Da sich die Schüler so wunderbar an die neuen Regeln hielten, hatte der Lehrer eine große Überraschung für sie vorbereitet. Er hatte ihnen jedoch nicht verraten, was er geplant hatte. Er informierte sie lediglich darüber, dass sie die Schulhefte und Bücher zu Hause lassen konnten, und gab ihnen eine Liste, auf der ein paar Dinge standen, die sie am Freitag mitbringen sollten: eine Taschenlampe, eine verschließbare Dose, etwas zu essen und zu trinken sowie einen kleinen Block und ein paar Stifte.

Gespannt wartete die Klasse auf den Lehrer. Als er endlich kam und verkündete, dass sie eine Schatzsuche im nahegelegenen Wald machen würden, war die Freude groß. Zusammen machten sie sich auf den Weg. Dort hatte der Lehrer bereits ein paar Aufgaben für die Klasse versteckt, die die Schüler lösen mussten, um gemeinsam den Schatz zu finden. Sie hatten einen tollen Tag zusammen. Als die Eltern am Nachmittag ihre Kinder abholten, erzählten sie alle aufgeregt von dem schönen Tag. Marco, der die Ruhe im Wald genossen hatte, erzählte seiner Mutter jedes Detail von seinen Erlebnissen.

Hier ist Platz für Gespräche
Das war ja eine schöne Geschichte, nicht wahr? Ich habe dazu ein paar Fragen vorbereitet, die du beantworten kannst. Nutze sie, um mit deinen Eltern über das zu sprechen, was dich selbst vielleicht beschäftigt. Du kannst dir auch ein paar Dinge aufschreiben. Wenn du noch nicht schreiben kannst, darfst du gerne etwas malen oder deine Eltern bitten, das aufzuschreiben, was du möchtest.

Warum musste Marco die Schule wechseln?

Was gefiel Marco an seiner alten Schule und was fehlt ihm an der neuen Schule?

Warum fühlte sich Marco traurig auf dem Schulhof, und wer kam, um ihn aufzumuntern?

Was schlug Marie Marco vor, um mit seinen Schwierigkeiten im Unterricht umzugehen?

Wie hat Marcos Lehrer auf die Probleme im Unterricht reagiert, als Marcos Mutter mit ihm sprach?

Was hat der Lehrer getan, um das Klassenklima zu verbessern, und wie haben die Veränderungen Marco geholfen?

Übung 3: Bauchatmung

Ich stelle dir nun eine tolle Übung vor, die dir hilft, dich zu entspannen, und deine Konzentration fördert. Sie heißt Bauchatmung und ist eine besondere Art, zu atmen, was dir helfen kann, ganz tief durchzuatmen und dich wohler zu fühlen.

Und so geht's:

- Suche einen ruhigen Platz, an dem du dich entspannen kannst. Das kann dein Lieblingsplatz im Zimmer oder auch draußen sein.
- Setze dich bequem hin und lege deine Hand sanft auf deinen Bauch, genau in die Mitte. So kannst du spüren, wie sich dein Atem bewegt.
- Atme jetzt tief und langsam durch die Nase ein. Spüre, wie sich dein Bauch dabei wie eine Blase aufbläht. Fühle die Luft in deinem Bauch.
- Atme nun ganz ruhig durch den Mund oder die Nase aus, und dein Bauch wird wieder ganz weich.
- Um es noch entspannender zu machen, atme länger aus als du einatmest. Du kannst dabei bis drei zählen, wenn du ausatmest – eins, zwei, drei.
- Mache das insgesamt zehnmal. Zähle mit, wenn es dir hilft. Jedes Mal, wenn du ausatmest, stelle dir vor, wie Spannungen und Sorgen wegfließen.

Wenn du möchtest, kannst du dabei an etwas Schönes denken. Vielleicht an einen bunten Regenbogen, an deine Lieblingstiere oder an einen Ort, den du magst.

Fazit: Das hat sich doch gut angefühlt, oder? Du kannst die Übung jederzeit auch im Sitzen machen, beispielsweise vor dem Lösen einer Aufgabe im Unterricht. Hierfür ist es jedoch wichtig, dass du deiner Lehrerin erklärst, dass du diese Übung machst, um dich besser konzentrieren zu können. Vielleicht könnt ihr ein geheimes Zeichen vereinbaren oder auch die anderen Schüler dazu einladen.

Kapitel 4:
Thomas und die Mutprobe

Thomas ging bereits in die vierte Klasse. Er war neugierig, hatte viele Freunde und doch stand er sich manchmal selbst im Weg. Während die anderen Jungs aus seiner Klasse gerne neue Dinge ausprobierten, hielt er sich bei allem zurück. Er hatte Angst, dass er etwas falsch machen oder dass ihm etwas zustoßen könnte. Immer wieder stand er am Rand und schaute den anderen nur zu.

„Nun komm schon. Alle machen mit“, rief Thilo, der beste Freund von Thomas. Immer wieder versuchte er, ihn zu motivieren, aber vergebens. Wenn Thomas einmal Nein gesagt hatte, ließ er sich davon nicht mehr abbringen.

Eines Nachmittags trafen sie sich, um miteinander zu spielen. Sie fuhren mit ihren Rädern zum großen Teich am Ende des Dorfes. Dort befand sich ein Wald daneben, in dem sie oft Verstecken spielten oder Buden bauten. Heute hatten seine Freunde jedoch andere Pläne. Der große Bruder von Sven hatte ihm erzählt, dass man nur zu den coolen Jungs gehören würde, wenn man Mutproben besteht. Das hatte Sven seinen Freunden erzählt. Gemeinsam hatten

sie sich verschiedene Sachen ausgedacht, um ihren Mut zu beweisen. Der Einzige, der von alldem nichts wusste, war Thomas. Erst als sie im Wald ankamen, erzählten sie ihm von ihren Plänen.

„Ihr seid doch verrückt. Da mache ich nie im Leben mit."

„Aber dann gehörst du doch nicht zu den Coolen. Gib dir einmal einen Ruck", meinte Thilo. Doch egal, wie sehr er auf ihn einredete, Thomas blieb bei seiner Meinung. Er wollte nicht riskieren, dass er sich blamierte oder dass ihm etwas zustieß.

„Ich bleibe einfach hier sitzen und werde euch zuschauen. Am Ende sage ich euch dann, wer am mutigsten war.“ Seine Freunde gaben es auf. Es würde ihnen ja sowieso nicht gelingen, Thomas davon zu überzeugen, auch einmal etwas Verrücktes auszuprobieren.

Für die erste Mutprobe hatte sich Sven ausgedacht, dass jeder auf den großen Baum klettern und vom dicken Ast herunterspringen musste. Einer nach dem anderen kletterte hinauf, um schließlich wieder herunterzuspringen. Jedes Mal schaute Thomas weg, da er Angst hatte, dass sich einer seiner Freunde dabei verletzen könnte. Zum Glück blieb dies jedoch aus.

Die zweite Mutprobe hatte Thilo vorbereitet. Es gab eine tiefe Stelle im Wald, die sich zwischen zwei Bäumen befand. Dort hatte er ein großes Seil befestigt, an das sie sich hängen mussten, um auf die andere Seite zu gelangen. Wieder schaute Thomas zu und trotzdem fiel niemand vom Seil. Als alle die Mutprobe bestanden hatten, beschlossen die Freunde, eine Pause zu machen. Jeder hatte etwas Proviant dabei.

„So eine Mutprobe macht ganz schön hungrig“, scherzte Mario. Die anderen stimmten ihm zu und lachten.

„Zu viel Angst macht bestimmt auch hungrig“, meinte Georg, der dabei Thomas ansah. Sofort lief er rot an, da er nicht wusste, ob sein Freund das lustig meinte oder ob er ihn damit ärgern wollte. Manchmal war es Thomas unangenehm, einfach nur danebenzusitzen und nicht mitzumachen. Doch er konnte es nicht ändern. Seine Ängste waren viel zu groß.

„Seid ihr bereit für die nächste Mutprobe?“, fragte Marlon, der es kaum erwarten konnte, weiterzumachen. Als jeder fertig war mit dem Essen, stopften sie die Reste wieder in ihre Taschen. Danach liefen sie gemeinsam zum Teich. Nicht weit von der Stelle des Ufers, wo sie sich befanden, konnten sie auf eine Insel blicken. Beim letzten Sturm war einer der dicken Bäume umgekippt und bildete nun eine Brücke, die vom Ufer bis zur Insel reichte. Schon seit Längerem wollte Marlon herausfinden, was es auf der Insel zu entdecken gab. Daher schlug er vor, dass dies die nächste Mutprobe sein sollte. Jeder von ihnen musste über den Baumstamm balancieren und auf die Insel gehen. Diese Mutprobe glich wahrlich einem aufregenden Abenteuer. Die Jungs waren zu allem entschlossen und machten sich bereit, hinüberzubalancieren. Nur Thomas blieb wie immer auf der sicheren Seite und schaute seinen Freunden dabei zu, wie sie ihren Spaß hatten.

Als alle seine Freunde auf der Insel angelangt waren, hockte er allein am Ufer und versuchte, sie zu beobachten. Da sie sich immer weiter vom Ufer entfernten, glaubten sie, dass auf der Insel ein Schatz versteckt war. Ungeduldig wartete Thomas darauf, dass sie zurückkamen. Zuerst hatte er ihre vergnügten Stimmen noch gehört, doch mittlerweile waren sie so leise, dass er sie kaum noch hören konnte.

Nach 20 Minuten kamen sie alle wieder zurück. Aufgeregt erzählten sie miteinander über das, was sie auf der Insel gesehen hatten, während sie zurück zu ihren Rädern liefen. Da es schon spät war, machten sie sich schließlich auf den Heimweg.

An diesem Nachmittag war Thomas besonders traurig. Nicht nur, dass er einmal wieder der Einzige war, der sich nichts getraut hatte. Dieses Mal hatte er nicht einmal sehen können, was die anderen erlebt hatten. Still und leise wünschte er sich, irgendwann auch einmal so mutig wie seine Freunde zu sein.

„Verdammt, ich habe meinen Rucksack vergessen. Der muss noch an dem Baum auf der Insel hängen. Da ist mein Schlüssel drin, ohne ihn komme ich zu Hause nicht rein.“ Thilo sah Thomas fragend an, da er nicht wusste, was er tun sollte.

„Dann musst du bestimmt noch einmal auf die Insel gehen“, meinte Marlon, der noch bei ihnen stand.

„Kommst du mit?“, fragte Thilo.

„Das würde ich ja, aber ich habe meiner Mutter versprochen, ihr noch zu helfen.“

„Dann musst du mitkommen, Thomas.“

„Bist du verrückt? Was ist, wenn ich vom Baumstamm abrutsche und ins Wasser falle? Was ist, wenn der Baumstamm plötzlich nicht mehr da liegt, wenn wir zurückwollen?“

„Du musst ja nicht mit auf die Insel gehen, aber ich möchte nicht allein dorthin fahren. Ich gehe auf die Insel, hole meinen Rucksack und komme sofort zurück. Danach können wir nach Hause fahren.“ Thomas überlegte, was er tun sollte. Eigentlich musste er nach Hause, aber er konnte seinen besten Freund doch nicht im Stich lassen. Nach kurzem Überlegen entschied er sich dafür, mit ihm zur Insel zu fahren. Während Thilo noch einmal über den großen Baumstamm balancierte, um seinen Rucksack auf der Insel zu suchen, wartete Thomas am Ufer.

Um ihn herum herrschte seltsame Stille. Nur der Wind pfiff durch die Bäume. Plötzlich war es ihm ganz unheimlich zumute. Noch nie war er hier allein gewesen. Für ihn glich dieser Moment einer eigenen Mutprobe, der er sich unfreiwillig stellte.

Immer wieder versuchte er, seinen Freund im Auge zu behalten, doch je weiter Thilo auf der Insel lief, desto mehr verlor Thomas ihn aus den Augen. Auf einmal hörte Thomas ihn laut schreien. Immer wieder rief Thilo um Hilfe und Thomas fragte sich, was wohl vorgefallen war. Nachdem Thilo nicht zurückgekommen war, wusste Thomas, dass dies kein Scherz sein konnte. Seinem Freund war etwas geschehen. Was sollte er nun tun? Nach Hause fahren und einen Erwachsenen holen, wäre wohl die sinnvollste Lösung gewesen. Gleichzeitig bedeutete dies aber auch, dass er Thilo allein lassen musste. Thomas überlegte hin und her, doch es half nichts. Er musste seine Ängste überwinden und zu Thilo auf die Insel gelangen. Mit zitternden Beinen lief er schließlich über den Baumstamm und noch ehe er sich versah, stand auch er auf der geheimnisvollen Insel. Als er zurückblickte, war er so erstaunt über sich selbst, dass sich auf seinem Gesicht ein breites Grinsen ausbreitete. Zum ersten Mal war es ihm gelungen, seine Ängste wegzuschieben. Sein Freund rief immer noch um Hilfe. Eilig lief Thomas in die Richtung, aus der Thilos Rufe kamen.

Wenige Meter später fand er ihn endlich und sah, was passiert war. Thilos Fuß steckte in einem Loch fest. So sehr er sich bemühte, es gelang ihm nicht, den Fuß wieder herauszuziehen, da er mit dem anderen immer wieder wegrutschte. Als er Thomas sah, konnte er kaum glauben, dass dieser wirklich auf der Insel war. Erleichtert und erstaunt zugleich, bat er ihn darum, seinen Fuß aus dem Loch zu befreien. Immer wieder zog Thomas kräftig am Bein seines Freundes, bis es den beiden endlich gelang, seinen Fuß zu befreien. Erleichtert fielen sie sich in die Arme.

Ich fasse es nicht. Da muss ich erst mit dem Fuß irgendwo stecken bleiben, dass du deine eigene Mutprobe bestehst", meinte Thilo und grinste Thomas an.

„Das hättest du wohl nicht gedacht, dass ausgerechnet ich dir zur Hilfe eile.“

„Ich glaube, du hast es selbst auch nicht gedacht, oder? Wenn wir das morgen den anderen erzählen, werden sie uns bestimmt kein Wort glauben.“

„Da hast du wohl recht“, meinte Thomas.

„Da hilft ja nur eines. Du musst es auch ihnen beweisen.“

„Wenn ich ehrlich bin, war es ja gar nicht so schwer. Vielleicht bekomme ich das morgen noch einmal hin“, antwortete Thomas.

Am nächsten Tag berichteten die beiden Jungen ihren Freunden, was am Tag zuvor geschehen war. Wie erwartet, glaubte niemand daran, dass Thomas wirklich diese Mutprobe bestanden hatte. Umso mehr staunten sie, als dieser plötzlich über den Baumstamm balancierte und auf die Insel gelang. Freudig eilten sie zu ihm, um Thomas zur bestandenen Mutprobe zu gratulieren.

Von diesem Tag an versuchte Thomas, mutiger zu sein. Denn eines hatte er gelernt: Manchmal musste man seine Ängste beiseiteschieben, vor allem dann, wenn ein guter Freund in Not war.

Hier ist Platz für Gespräche
Das war ja eine schöne Geschichte, nicht wahr? Ich habe dazu ein paar Fragen vorbereitet, die du beantworten kannst. Nutze sie, um mit deinen Eltern über das zu sprechen, was dich selbst vielleicht beschäftigt. Du kannst dir auch ein paar Dinge aufschreiben. Wenn du noch nicht schreiben kannst, darfst du gerne etwas malen oder deine Eltern bitten, das aufzuschreiben, was du möchtest.

Warum hatte Thomas manchmal Angst, neue Dinge auszuprobieren?

Was versuchten Thomas' Freunde, um ihn dazu zu bringen, bei ihren Abenteuern mitzumachen?

Was waren die Mutproben, die Thomas' Freunde im Wald durchführten?

Warum wollte Marlon, dass die Jungs über den Baumstamm zur Insel balancieren?

Wie hat sich Thomas dazu entschieden, Thilo auf der Insel zu helfen, obwohl er Angst hatte?

Was hat Thomas nach dem Vorfall auf der Insel gelernt, und wie hat sich sein Verhalten danach geändert?

Übung 4: Der Superhelden-Stand

Weißt du, was richtig cool ist und dir zu jeder Menge Mut verhelfen kann? Der „Superhelden-Stand“! Das ist eine tolle Übung, mit der du dein Selbstbewusstsein stärken kannst. Das bedeutet, dass du dich stark und selbstsicher fühlen wirst.

Und so geht’s:

- ·Suche dir einen gemütlichen Ort, an dem du dich richtig wohl fühlen kannst. Vielleicht dein Lieblingssessel oder eine Ecke in deinem Zimmer.
- Zieh deine gemütlichsten Sachen an, damit du dich rundum wohlfühlst.
- Mache das Licht an, damit du alles gut sehen kannst.
- Stelle deine Füße etwa in Hüftbreite auseinander und mach sie richtig stark und schwer.
- Richte dich auf, als würdest du sagen: "Hallo, hier bin ich!" Ziehe deine Schultern nach hinten, damit du dich groß und stark fühlst.
- Breite deine Arme aus, als würdest du fliegen oder als würdest du die ganze Welt umarmen. Das ist deine Superhelden-Geste!
- Bleibe für ungefähr zwei Minuten in dieser coolen Haltung stehen. Fühle, wie stark und mutig du bist.
- Während du in dieser Haltung stehst, denke an all die guten Dinge oder sage laut, was du richtig gut kannst. Das macht dich noch kraftvoller!
- Du kannst diesen Superhelden-Stand vor wichtigen Dingen machen, wie zum Beispiel vor Prüfungen

oder wenn du vor anderen sprechen musst. Du wirst sehen, wie stark du dann bist!
Mach diese Übung mit Freunden oder mit uns, deinen Eltern, zusammen. Alle können zu Superhelden werden und sich gemeinsam stark fühlen.

Fazit: Der Superhelden-Stand ist eine coole Methode, um stark und selbstsicher zu werden. Es ist so, als ob du deine Superkräfte aktivierst! Diese Übung hilft dir nicht nur, selbstbewusster zu werden, sondern auch, entspannter zu bleiben. Wenn du diese Haltung vor besonderen Anlässen einnimmst, kannst du deine Ängste überwinden und gestärkt durchstarten. Eltern oder Geschwister können dich dabei unterstützen, diese spaßige Übung zu lernen und gemeinsam auszuprobieren.

Kapitel 5:
Philipp ist der Kleinste

Heute möchte ich dir die Geschichte von Philipp erzählen. Philipp ist 9 Jahre alt, neugierig, mutig und überall der Kleinste. Oft ist er davon ziemlich genervt. Vor allem die Erwachsenen nennen ihn häufig den süßen Kleinen. In der Schule wird er manchmal wegen seiner Körpergröße ausgeschlossen. Immer wieder heißt es „Du bist zu klein“ oder „Die Aufgabe ist zu groß für dich“. Eines Tages kann Philipp jedoch seinen Mitschülern beweisen, dass auch kleine Kinder gewinnen können. Diese Geschichte soll allen kleinen Jungs Mut machen, anderen zu zeigen, was wirklich in ihnen steckt.

„Wie soll ich das mal wieder schaffen? Alle anderen sind so viel größer als ich. Bestimmt wird es mir ohnehin nicht gelingen.“ Seufzend sah Philipp seinen Freunden dabei zu, wie sie im Sportunterricht an den Stangen hinaufkletterten. Schon immer war er der Kleinste in der Klasse gewesen, doch erst jetzt in der dritten Klasse störte ihn das immer mehr.

Egal, wo er hinkam, alle nannten ihn den niedlichen Kleinen. Das ging ihm tierisch auf die Nerven. Er wollte nicht immer der Kleine genannt werden.

Aber egal, wie oft er dies den Erwachsenen sagte, sie hielten sich nicht daran. Ein paarmal hatte er sich schon bei seiner Mutter darüber beschwert. Diese hatte zwar Verständnis dafür, gleichzeitig wusste sie aber auch, dass Erwachsene kleine Kinder nun einmal sehr niedlich fanden.

Und auch sonst spielte die Größe von Philipp immer eine Rolle. Bei Mannschaftsspielen wollte niemand den kleinen Philipp in der Mannschaft haben. Oft kam es vor, dass er andere um Hilfe bitten musste, da er nicht an die Dinge kam, die auf dem Regal lagen. Er hasste es, um Hilfe zu bitten, da die anderen ihn manchmal genervt ansahen oder einen doofen Spruch äußerten.

Auch an diesem Tag im Sportunterricht spielte seine Größe wieder einmal eine Rolle. Dieses Mal war es aber selbst der Lehrer, der sie in den Mittelpunkt rückte. Aus irgendeinem Grund nahm er an, dass es ihm nicht gelingen würde, die großen Stangen hinaufzuklettern. Als alle anderen bereits fertig waren und der Lehrer ein neues Spiel erklärte, machte sich Philipp bereit, selbst hinaufzuklettern. Zu seiner Verwunderung gelang es ihm und er freute sich, als er oben ankam. Einen Moment lang blieb er noch an der Stange und genoss die Aussicht. Endlich war er einmal größer als seine Mitschüler.

„Wo ist eigentlich Philipp?“, fragte der Lehrer und sah sich um.

„So klein ist er ja nun auch wieder nicht“, meinte Susi.

„Ich bin hier oben. Ich habe es geschafft, ebenfalls hier hinaufzuklettern.“

„Aber nun kommst du endlich herunter, denn wir wollen mit dem Spiel anfangen“, rief der Lehrer ihm zu. Genervt, dass der Lehrer keine Wertschätzung entgegenbrachte, rutschte Philipp an der Stange wieder herunter. „So, da nun alle wieder auf den

Boden sind, kann das Spiel ja beginnen. Marlon, du fängst an, zu wählen. Sven, du bist der nächste. Jeder wird im Wechsel immer einen Spieler wählen, bis alle in zwei Mannschaften eingeteilt sind."

Marlon fing an und suchte sich einen seiner Mitschüler aus. Danach war Sven an der Reihe. Immer im Wechsel wählte jeder einen Spieler für sein Team. Am Ende blieben nur noch Carina und Philipp übrig. So war es immer, niemand wollte den Kleinsten im Team haben oder Carina, die etwas dicker als die anderen Kinder war.

„Na toll. Wie soll man sich da nur entscheiden?", rief einer der Mitschüler.

„Nimm Carina. Die kann gut werfen. Philipp ist so klein, dass er bestimmt sofort getroffen wird."

Marlon überlegte nicht lange und entschied sich schließlich für Carina. Philipp gehörte nun zur Mannschaft von Sven. Bei dem Spiel ging es darum, dass sich die Kinder gegenseitig mit einem Ball abwerfen mussten. Am hinteren Spielfeldrand stand jeweils ein Gegenspieler, der erst am Ende des Spiels auf das Spielfeld durfte und drei Leben besaß. Der Ball flog hin und her, ab und zu wurde ein Schüler getroffen, der sich dann auf die Bank setzen musste. Am Ende blieb nur noch Philipp von seiner Mannschaft übrig. Als er den Ball bekam, warf er den letzten Gegenspieler ab. Jetzt durfte Tom, der große Junge aus der Klasse, auf das Spielfeld. Er war sich schon sicher, dass er das Spiel gewinnen würde. Immerhin war sein Gegner nur der kleine Philipp.

Gespannt schauten die anderen Kinder dem Geschehen zu. Immer wieder flog der Ball hin und her. Tom war sich bei jedem Wurf sicher, dass er Philipp endlich treffen würde. Aber vergebens. So klein

Philipp auch war, so geschickt konnte er dem Ball ausweichen. Schnell schnappte er sich den Ball und warf ihn zurück, denn auch er musste versuchen, Tom zu treffen. Und das sogar dreimal, da dieser als letzter Spieler drei Leben hatte.

„Wetten, du triffst mich nicht?", rief Tom, sich seiner selbst sicher, und lachte. Aber Philipp war nicht nur flink, sondern auch noch geschickt. Anders als seine Mitschüler warf er den Ball direkt auf die Beine, so dass Tom kaum eine Chance hatte, ihm auszuweichen oder den Ball aufzufangen.

„Erster Treffer. Jetzt hast du noch zwei Leben", rief der Lehrer Tom zu.

„Ach, das war alles nur Glück", rief dieser und versuchte, Philipp dieses Mal zu treffen. Zwar flog der Ball direkt auf Philipp zu, doch er konnte gerade noch rechtzeitig ausweichen. Schnell schnappte er sich den Ball und feuerte ihn zurück. Dieses Mal traf auch Tom jedoch nicht. Das Ganze ging etwa 5 Minuten lang so weiter. Tom versuchte immer wieder, den flinken Philipp zu treffen, scheiterte jedoch immer wieder. Allmählich wurde er verärgert und warf den Ball härter. Und doch traf er Philipp nicht ein einziges Mal, während Philipp Tom zum zweiten Mal abwarf. Jetzt hatten beide nur noch ein Leben.

Tom blieb ruhig stehen und versuchte, sich auf Philipps Bewegungen zu konzentrieren. Da er nach einigen Minuten immer noch nicht warf, spielte Philipp den Gelangweilten. Tom witterte seine Chance und warf den Ball direkt auf Philipp zu. Doch kurz bevor der Ball bei ihm ankam, wich er geschickt zur Seite. Der Ball prallte gegen die Wand und rollte sofort zu Tom zurück. Gespannt schaute die Klasse dem Spiel zu. Wieder warf Tom den Ball, um Philipp

zu treffen. Dieses Mal traf er tatsächlich, aber Philipp konnte den Ball festhalten. Somit hatte er sein Leben nicht verloren.

Nun hatte Philipp eine neue Idee. Er musste Tom irgendwie aus der Puste bringen. Er lief einige Male hin und her und täuschte einen Wurf an, dem Tom auszuweichen versuchte. Genervt forderte Tom Philipp auf, den Ball endlich zu werfen. Abermals täuschte er einen Wurf an, dem Tom auswich und sich dabei auf den Boden warf. Das war Philipps Chance. Sofort warf er den Ball, traf Tom an der Schulter, der noch versuchte, den Ball aufzufangen, doch das gelang ihm nicht. Der Ball fiel auf den Boden und Philipps Mannschaft jubelte über den Sieg.

Philipp konnte es nicht fassen. Er hatte es tatsächlich geschafft, den großen Tom zu besiegen.

„Manchmal ist es besser, der Kleinste zu sein“, rief der Sportlehrer. „Es sind nicht immer die Großen, die etwas gewinnen können, denn Größe hat mit Geschick nichts zu tun.“ Von diesem Tag an wurde Philipp immer als Erster in ein Team gewählt. Jeder wollte ihn in seinem Team haben.

Hier ist Platz für Gespräche
Das war ja eine schöne Geschichte, nicht wahr? Ich habe dazu ein paar Fragen vorbereitet, die du beantworten kannst. Nutze sie, um mit deinen Eltern über das zu sprechen, was dich selbst vielleicht beschäftigt. Du kannst dir auch ein paar Dinge aufschreiben. Wenn du noch nicht schreiben kannst, darfst du gerne etwas malen oder deine Eltern bitten, das aufzuschreiben, was du möchtest.

Warum fühlte sich Philipp oft genervt und gestört?

Wie äußerte sich Philipps Unzufriedenheit mit seiner Größe in der Schule und im Sportunterricht?

Welche Herausforderungen musste Philipp aufgrund seiner Größe bewältigen?

Warum entschied sich der Lehrer, Philipp nicht auswählen zu wollen, als es darum ging, Teams zu bilden?.

Wie hat Philipp seine Mitschüler beim Ballspiel überrascht und beeindruckt?

Was hat Philipp aus diesem Erlebnis gelernt, und wie änderte sich seine Wahrnehmung in der Klasse nach dem Spiel?

Übung 5: Deine Stärken machen dich groß

Manchmal können wir nicht sehen, dass jeder von uns wundervoll ist. Ob groß, ob klein, dick oder dünn: Jeder Mensch ist einzigartig und besonders. Auch du. Die folgende Übung kann dir dabei helfen, genau das zu erkennen.

Und so geht's:

- Suche dir einen Ort aus, der dir besonders gefällt und an dem du dich richtig entspannen kannst. Das kann dein Bett sein oder eine gemütliche Ecke in deinem Zimmer.
- Schnapp dir dein Tagebuch und suche einen bunten Stift aus. Wir werden zusammen etwas Besonderes erschaffen!
- Schließe die Augen und denke an etwas, das du an dir selbst magst. Es könnte dein Lächeln, deine Kreativität oder deine Freundlichkeit sein.
- Öffne deine Augen und schreibe dieses positive Ding auf einen Zettel. Behandle es wie einen besonderen Schatz.
- Jeden Tag schreibst du ein neues Kompliment für dich selbst auf diesen Zettel. Es könnten Dinge sein, die du gut machst oder die dich besonders machen.
- Lege diesen Zettel in dein Tagebuch – das wird deine Schatztruhe für gute Gedanken. Dein Tagebuch wird zu einem Ort, an dem du deine positiven Gedanken sicher aufbewahren kannst.
- Wenn du unsicher oder traurig bist, schaue in dein Tagebuch. Lies deine Komplimente und erinnere dich daran, wie großartig du bist.

- Jedes Kompliment, das du für dich selbst schreibst, wird zu einer kleinen Perle in deiner Schatztruhe. Dein Selbstbewusstsein wächst mit jeder einzelnen.

Du wirst erkennen, wie stark und besonders du bist. Diese kleinen Liebesbriefe an dich selbst werden dir helfen, dich in schwierigen Momenten besser zu fühlen.

Fazit: Je häufiger du diese Übung machst, desto mehr wirst du entdecken, was bereits in dir steckt. Du wirst sehen, Größe hat nicht immer etwas mit Körpergröße zu tun. Oft sind es unsere Stärken und Taten, die uns groß machen.

Kapitel 6:
Als Viktor über sich hinauswächst

Seit ein paar Wochen geht ein neuer Junge in Viktors Klasse. Er heißt Karl und ist ein ruhiger, schmächtiger Junge. Außerdem trägt er eine Brille und seine Haare haben einen rötlichen Schimmer. Die anderen Jungs in Viktors Klasse lachen oft über ihn und nehmen gerne seine Sachen weg. Aber niemand ist da, der Karl hilft. Alle sehen nur dabei zu und lachen mit, wenn sich Karl versucht, zu verteidigen.

Viktor findet das gar nicht lustig, doch er weiß nicht, wie er ihm helfen soll. Immerhin sind es fünf Jungs, gegen die er etwas unternehmen müsste, und das sogar ganz alleine. Benni, der Anführer der Jungengruppe, ist jedes Mal besonders fies zu Karl. Vor ihm hat sogar Viktor manchmal ein bisschen Angst.

Heute fahren sie zum Schwimmunterricht. Karl sitzt ganz vorn beim Busfahrer und ist richtig nervös. Es ist sein erster Schwimmunterricht, an dem er teilnimmt. Viktor merkt, dass er sich komisch und aufgeregt fühlt. Aber er kann schlecht durch den Bus laufen, um mit ihm zu sprechen.

Dann kommt der Bus endlich an. Alles muss schnell gehen, denn schon eine Stunde später müssen sie wieder fertig sein, um zur Schule zurückzufahren.

Heute ist das Tauchen im flachen Becken dran. Das kann Viktor besonders gut und er freut sich darüber. Gemeinsam mit Nele übt er immer wieder und holt die Ringe aus dem Wasser. Als es später wieder zurückgehen soll, fehlt Karl. Die Lehrerin fragt die Jungen, ob sie ihn gesehen haben. Doch diese verneinen die Antwort. Als sich die Lehrerin auf den Weg macht, um den Jungen zu suchen, sieht Viktor, wie die Jungs lachen. Er weiß, dass sie irgendwas mit ihm angestellt haben.

Nach ein paar Minuten kommt die Lehrerin mit Karl aus der Halle und erklärt, dass man Karl aus Versehen eingeschlossen hatte. Viktor weiß, dass es nicht stimmen konnte. Benni und seine Freunde lachen so fies, dass er sich wünscht, ihnen eine Ohrfeige geben zu können. Aber leider ist seine Angst zu groß und er bleibt wie alle anderen auch ganz still. Jeder scheint zu wissen, dass Karl und seine Freunde irgendwas angestellt hatten.

Eines Tages, nachdem Karl wieder einmal von den anderen Jungs geärgert wurde, saß Viktor auf einer Bank im Park und schaute nachdenklich in die Ferne. Da kam sein Freund, der sprechende Kater, und näherte sich ihm, um sich neben ihn zu setzen.

„Warum so traurig?“, fragte der Kater.

„Karl wird in der Schule ständig geärgert und ich weiß nicht, wie ich ihm helfen kann“, antwortete Viktor.

Der Kater nickte verständnisvoll. „Manchmal braucht man einfach einen Freund, der einem zuhört und da ist.“

Viktor schaute den Kater an. „Du denkst, ich sollte einfach für Karl da sein?“

Der Kater lächelte. „Manchmal sind die kleinen Gesten die mächtigsten. Zeige ihm, dass er nicht alleine ist.“

Viktor lächelte zurück. „Danke, Freund Kater.“

Mit neuem Mut kehrte Viktor in die Schule zurück, entschlossen, Karl zu helfen.

Dann kommt der Bus endlich an. Alles muss schnell gehen, denn schon eine Stunde später müssen sie wieder fertig sein, um zur Schule zurückzufahren. Am Abend erinnerte sich Viktor an die Worte des Katers und fragte sich, ob er das nur geträumt hatte. Er lief zu seinem Vater und fragte:

„Papa, was hat das zu bedeuten, wenn jemand sagt, dass wahre Stärke aus dem Herzen kommt?“

Viktors Vater lächelte und setzte sich zusammen mit ihm auf die Couch. „Nun mein liebes Kind. Das bedeutet, dass wahre Stärke keine Muskeln braucht. Stark ist, wer sich oder andere clever mit Worten verteidigen kann.“ Sein Vater lächelte. Er wusste genau, dass Viktor etwas beschäftigte. „Hast du aus einem bestimmten Grund gefragt?“

„Ich habe dir doch erzählt, dass wir einen neuen Jungen in unserer Klasse haben. Er ist ruhig, trägt eine Brille und hat rote Haare. Und auch sonst ist er ganz anders als die anderen Jungen.“

„Und die anderen Jungen ärgern ihn, habe ich recht?“, fragte sein Vater nach.

„Ja, sie sind manchmal richtig gemein. Ich möchte Karl gerne helfen. Die Jungs haben eine richtige

Ohrfeige verdient, so gemein, wie sie immer sind. Gestern beim Schwimmunterricht haben sie ihn sogar eingeschlossen und er wäre fast nicht mit uns zurück in die Schule gefahren."

„Ich kann verstehen, dass du diesen Jungs eine Ohrfeige geben möchtest. Aber um jemandem stark entgegenzutreten, braucht es nur kluge Worte."

„Aber was kann ich denn sagen?", fragte Viktor, der einfach nicht wusste, wie er Karl mit Worten helfen sollte.

„Ich glaube, dir wird schon das Richtige einfallen, wenn es an der Zeit ist, einzugreifen. Mach dir nicht zu viele Gedanken, mein liebes Kind", sagte der Vater und gab ihm einen Kuss auf die Stirn.

Als Viktor ins Klassenzimmer kommt, sieht er, wie Benni und seine Freunde Karls Sachen in den Mülleimer werfen und ihn in eine Ecke drängen, während alle anderen sich den Bauch vor Lachen halten.

„Unmöglich, was Benni und die Jungs schon wieder machen", sagt Nele, die gerade ins Klassenzimmer kommt.

„Aufhören", schreit Viktor Benni und die anderen Jungs an, während er auf sie zuläuft und Paul Karls Rucksack aus den Händen reißt. „Was glaubt ihr eigentlich, wer ihr seid? Nur weil jemand anders aussieht, habt ihr noch lange nicht das Recht, ihn so zu behandeln!" Sofort hören alle anderen auf, zu lachen.

„Und wer bist du? Etwa seine Mama?", fragt Benni und wartet darauf, dass die Klasse ihm lachend zustimmt. Doch außer seiner Freunde lacht niemand.

„Das spielt keine Rolle, wer ich bin! Viel wichtiger ist doch die Frage, wer ihr seid. Jungs, welche in die dritte Klasse gehen, oder Affen aus dem Zoo?"

Dieses Mal hat Viktor das Lachen der Klasse auf seiner Seite. Doch das gefällt ihm gar nicht. „Und ihr? Jetzt lacht ihr über das, was ich zu Benni sage, aber vorher seht ihr nur zu, was sie mit Karl machen, und keiner hilft ihm. Das ist nicht viel besser!" Augenblicklich verstummt die Klasse.

„Was ist denn hier los?", fragt die Lehrerin, als sie in das Klassenzimmer kommt.

„Viktor hat Karl geholfen, weil Benni und die anderen ihn schon wieder geärgert haben“, erklärt Nele, die stolz auf ihren besten Freund ist.

„Benni also wieder. Jungs, ich möchte euch sofort in meinem Büro sehen. Alle anderen lesen bitte die Geschichte weiter. Viktor, du kommst bitte auch mit.“

Zusammen laufen die Kinder mit ihrer Lehrerin zu ihrem Büro.

„Danke“, flüstert Karl. „Das hat noch nie jemand für mich gemacht.“

„So, dann kommt mal herein“, sagt die Lehrerin. Im Büro spricht sie lange mit Karl, der ihr alles erzählt, was Benni und die anderen mit ihm gemacht hatten. Zur Strafe müssen sie seine Sachen wieder aus dem Mülleimer holen, bekommen einen Eintrag ins Hausaufgabenheft und müssen einen Brief an Karl schreiben, in dem sie sich entschuldigen.

Die Lehrerin schickt Benni und seine Freunde zuerst ins Klassenzimmer zurück. Sie spricht noch einmal mit Karl, dass er schon viel früher zu ihr hätte kommen sollen. Dieser erklärt ihr, dass er sich nicht getraut hatte, aber jetzt froh ist, dass alles ans Tageslicht gekommen ist.

„Viktor, du hast heute ganz viel Stärke gezeigt. Sich so für jemanden einzusetzen, finde ich richtig stark und auch mutig. Da kannst du stolz auf dich sein!“

Gemeinsam gehen sie zurück ins Klassenzimmer.

Am Abend erzählt Viktor seinem Vater, was er heute in der Schule erlebt hat. Auch er ist stolz auf seinen starken Sohn.

Hier ist Platz für Gespräche
Das war ja eine schöne Geschichte, nicht wahr? Ich habe dazu ein paar Fragen vorbereitet, die du beantworten kannst. Nutze sie, um mit deinen Eltern über das zu sprechen, was dich selbst vielleicht beschäftigt. Du kannst dir auch ein paar Dinge aufschreiben. Wenn du noch nicht schreiben kannst, darfst du gerne etwas malen oder deine Eltern bitten, das aufzuschreiben, was du möchtest.

Wie wird Karl von den anderen Jungen behandelt?

Warum fühlt sich Viktor hilflos, als es um Karl geht?

Was tut Viktor, um Karl zu helfen, als die Jungs seine Sachen in den Mülleimer werfen?

Wie reagiert die Klasse auf Viktors Aktionen und Aussagen?

Wie reagiert die Lehrerin auf die Situation im Klassenzimmer?

Welche Maßnahmen ergreift die Lehrerin gegen Benni und seine Freunde?

Übung 6: Eigene Ziele für mehr Selbstvertrauen

Nicht jeder ist so mutig wie der andere. Manchmal ist man eben vorsichtiger oder traut sich eben nicht alles zu. Wenn du mehr Selbstvertrauen aufbauen

möchtest, ist diese Übung sehr hilfreich. Du kannst sie so oft, wie du möchtest, wiederholen.

Und so geht's:

- Setz dich an einen gemütlichen Ort und überlege, was du heute erreichen möchtest. Das Ziel kann klein oder groß sein – es liegt ganz bei dir!
- Jetzt legen wir gemeinsam los! Denke darüber nach, wie du dein Ziel erreichen kannst. Fühle dabei den Stolz in dir wachsen, denn du kannst alles schaffen.
- Du kannst verschiedene Ziele ausprobieren, um zu sehen, welches dir am besten gefällt. Hier sind einige Ideen:

1. Stehe stark und selbstbewusst wie Superman. Das macht dich stark und voller Energie!
2. Versuche heute drei gute Taten zu vollbringen. Es könnten kleine Dinge wie jemandem helfen oder freundliche Worte sagen sein.
3. Lächle heute jemanden an. Ein Lächeln kann nicht nur deine Stimmung verbessern, sondern auch die Stimmung der anderen!

Egal welches Ziel du wählst, spüre den Stolz in dir wachsen, wenn du es erreicht hast. Du bist fantastisch!

Fazit: Durch das Erreichen deiner Ziele wächst nicht nur das Selbstbewusstsein, sondern auch der Glaube an dich selbst. Mit den täglichen Helden-Zielen startest du jeden Tag eine Reise zu kleinen Erfolgen und entdeckst deine Superkraft in dir!

Kapitel 7:
Maximilian und der mürrische alte Mann

Seit einigen Jahren lebte Maximilian mit seiner Familie in einem kleinen Dorf. Jeden Tag traf er sich mit seinen Freunden zum Spielen und um neue Abenteuer zu erleben. Oft spielten sie auch auf der Straße vor den Häusern mit dem Ball und hatten dabei jede Menge Spaß.

Im Dorf war es friedlich. Die Menschen schätzten einander und hielten zusammen. Doch es gab einen alten Mann im Dorf, den die meisten oft den schlecht gelaunten Alten nannten. Immer, wenn die Kinder auf der Straße mit dem Ball spielten, dauerte es nicht lange, bis der Alte herauskam und sich über den Lärm beschwerte. Die Eltern der Kinder hatten schon mehrmals versucht, ihm zu erklären, dass Kinder nun mal Kinder sind und es auch mal lauter zugehen kann, wenn sie spielen. Davon wollte er jedoch nichts wissen.

An diesem Nachmittag traf sich Maximilian mit seinen Freunden zum Spielen. Als er bei ihnen ankam, hatten sie geheimnisvoll die Köpfe

zusammengesteckt. Er wusste genau, dass sie etwas ausheckten. Neugierig fragte er, was sie besprechen wollten.

„Wir wollen dem Alten einen Streich spielen“, meinte Paul.

„Genau. Wir haben seine Meckerei satt“, stimmte Ben zu.

„Meint ihr wirklich, dass er dadurch weniger schlecht gelaunt wird?“, fragte Maximilian skeptisch. Zwar fand auch er es lustig, Streiche zu spielen, doch er wusste auch, dass Paul manchmal übertreiben konnte. Das würde nur wieder Ärger für alle bedeuten.

„Ach, eigentlich ist es doch egal, ob der sich dann weniger aufregt. Ich finde, es ist an der Zeit, dass er mal sein blaues Wunder erlebt“, sagte Paul. Maximilian blieb der Einzige, der unsicher war, ob dies die richtige Entscheidung ist.

„Wir füllen Wasserbomben auf, verstecken uns hinter der Hecke vor seinem Haus und wenn er herauskommt, werfen wir sie auf ihn“, meinte Ben.

„Das ist genial. Dann hat er gleich eine Dusche bei diesem warmen Wetter“, kicherte Paul. Und noch ehe Maximilian etwas dagegen sagen konnte, eilte er zu Pauls Hof, um die Wasserbomben zu füllen. Jeder von ihnen bekam zwei.

So leise wie möglich schlichen sie zum Grundstück von Herrn Müller. Versteckt hinter der Hecke warteten sie darauf, dass er endlich herauskam. Lange Zeit geschah nichts und den Jungs wurde allmählich langweilig.

„Vielleicht ist er heute gar nicht zu Hause“, meinte Maximilian.

„Nein, das glaube ich nicht. Er wird bei der Hitze vielleicht nur nicht rausgehen wollen“, antwortete Tom.

„Am besten klingeln wir, dann kommt er bestimmt gleich heraus“, meinte Paul und eilte zu der Klingel. Als er den Knopf gedrückt hatte, lief er schnell zurück zu den anderen. Gespannt lugte er über die Hecke und schaute zur Haustür von Herrn Müller. Und tatsächlich, die Haustür ging auf und Herr Müller kam heraus. Verwundert blickte er sich um, als er niemanden sah. Die Jungs behielten ihn genau im

Auge. Als er sich herumdrehte, um zurück ins Haus zu gehen, warfen sie die Wasserbomben nach ihm.

„Na wartet. Wenn ich euch in die Finger bekomme. Dieses Mal seid ihr zu weit gegangen“, schimpfte der alte Herr Müller. Während die anderen Jungs wegrannten, blieb Maximilian als Einziger, der nicht geworfen hatte, hinter der Hecke sitzen und hoffte, Herr Müller würde ihn nicht sehen. Doch als dieser aus dem Gartentor trat, erblickte er den Jungen sofort.

„Was fällt euch eigentlich ein? Habt ihr denn gar kein Benehmen?“, fragte Herr Müller und sah Maximilian wütend an.

„Entschuldigen Sie. Ich habe den anderen ja gesagt, dass es eine dumme Idee ist.“ Mit bösem Blick musterte Herr Müller Maximilian.

„Aber du warst mit dabei!“

„Ja, aber ich habe meine Wasserbomben nicht nach Ihnen geworfen.“ Erneut sah Herr Müller Maximilian an.

„Dann sag deinen Freunden, dass sie das nächste Mal eine Menge Ärger bekommen werden. Könnt ihr nicht einfach am Ende der Straße spielen? Ich habe ja nichts dagegen, wenn ihr spielt, aber meine Frau ist schwer krank und braucht sehr viel Ruhe“, erklärte der alte Herr Müller ungewohnt freundlich.

„Das haben wir nicht gewusst“, meinte Maximilian.

„Wisst ihr, auch ich habe früher gerne draußen gespielt und mit meinen Freunden den Nachbarn so manches Mal einen Streich gespielt. Aber heute bin ich einfach nur froh, wenn alles ruhig ist. Ich kümmere mich um meine Frau nun schon seit vielen Jahren. Oft sind wir ganz allein. Unser Sohn und seine Familie wohnen in einem anderen Land, weshalb wir

unsere Enkelkinder nicht so häufig sehen. Und immer, wenn meine Frau euch spielen hört, wird sie traurig. Aber gut, das könnt ihr ja nicht wissen." Ohne ein weiteres Wort von Maximilian abzuwarten, ging Herr Müller zurück in sein Haus.

Nachdenklich betrachtete Maximilian die Wasserbomben in seiner Hand. Pauls Streich war wirklich zu weit gegangen. Maximilian ließ seine Wasserbomben in Pauls Garten liegen und machte sich auf die Suche nach seinen Freunden. Wie immer trafen sie sich auf dem Spielplatz.

„Na, hast du uns verpetzt?", rief Paul sofort.

„Das brauchte ich nicht. Herr Müller wusste genau, dass wir alle dabei waren. Und ich hatte recht. Der Streich ging zu weit."

„Ach, das bisschen Wasser hat noch niemandem bei dieser Hitze geschadet."

„Ihr wisst ja gar nicht, was Herr Müller mir erzählt hat", sagte Maximilian. Neugierig schauten ihn seine Freunde an. Er setzte sich zu ihnen und erzählte von Herrn Müllers Geschichte. Plötzlich sah auch Paul ein, dass der Streich zu weit gegangen war. Die Jungs hatten ein schlechtes Gewissen.

„Wie wäre es denn, wenn wir Herrn Müller und seine Frau überraschen und ihnen zur Entschuldigung ein Geschenk vorbeibringen?", schlug Ben vor.

„Aber was können wir ihnen denn schenken?", fragte Paul.

„Die beiden sind immer allein und Herr Müller kümmert sich den ganzen Tag um seine Frau. Bestimmt sieht sein Garten deswegen nicht so schön aus. Wie wäre es denn, wenn wir ihm dabei helfen, den Garten aufzuräumen? Und für seine Frau bringen wir ein paar schöne Blumen mit", schlug

Maximilian vor. Seine Freunde waren damit einverstanden. Maximilians Großmutter hatte ein schönes Blumengeschäft am Ende des Dorfes. Gemeinsam gingen die Jungs zu ihr und erzählten von Herrn Müllers Geschichte und dass sie ihm und seiner Frau eine Freude machen wollten. Das fand Maximilians Großmutter so toll, dass sie ihnen einen schönen Blumenstrauß fertigmachte.

Später gingen sie gemeinsam zu Herrn Müller. Nachdem sie geklingelt hatten, dauerte es nicht lange und er kam heraus.

„Na wartet, dieses Mal kommt ihr nicht ungeschoren davon“, brummte Herr Müller, der einen weiteren Streich erwartete.

„Wir sind gekommen, um uns zu entschuldigen“, sagte Ben und reichte dem Mann den Blumenstrauß. „Maximilian hat uns alles erzählt. Es tut uns leid, dass wir Sie manchmal geärgert haben. Als Entschuldigung möchten wir Ihnen unsere Hilfe anbieten.“

„So? Und wie soll diese Hilfe aussehen?“, fragte Herr Müller.

„Wir haben gesehen, dass Ihr Garten nicht so schön aussieht. Und jetzt, da wir wissen, dass Sie sich immer um Ihre Frau kümmern, möchten wir Ihnen im Garten helfen.“

Herr Müller schaute die Jungs abwechselnd und überrascht an. Das hatte er wirklich nicht erwartet.

„Wisst ihr, das ist ein wunderbares Geschenk für uns. Aber noch viel wunderbarer ist es, dass ihr euren Fehler eingesehen und euch bei mir entschuldigt habt. Auch ich muss mich entschuldigen. Ich habe immer nur gemeckert, dabei habt ihr gar nicht gewusst, warum ich nun mal so bin, wie ich bin. Wenn

ihr mir wirklich helfen wollt, dann kommt doch morgen Nachmittag zu mir."

Und so geschah es. Von diesem Moment an nahmen die Kinder Rücksicht auf Herrn Müller und seine Frau. Manchmal versuchten sie, die beiden zu überraschen, brachten Blumen oder selbst gebackenen Kuchen mit, um ihnen eine Freude zu machen. Maximilian und seine Freunde hatten gelernt, dass Streiche zwar Spaß machen können, aber dass alles seine Grenzen hat. Sie hatten außerdem verstanden, wie wichtig es ist, sich für seine Fehler zu entschuldigen.

Hier ist Platz für Gespräche

Das war ja eine schöne Geschichte, nicht wahr? Ich habe dazu ein paar Fragen vorbereitet, die du beantworten kannst. Nutze sie, um mit deinen Eltern über das zu sprechen, was dich selbst vielleicht beschäftigt. Du kannst dir auch ein paar Dinge aufschreiben. Wenn du noch nicht schreiben kannst, darfst du gerne etwas malen oder deine Eltern bitten, das aufzuschreiben, was du möchtest.

Welchen Plan schmieden die Jungen, um dem "schlecht gelaunten Alten" einen Streich zu spielen?

Warum ist Maximilian unsicher, ob der Streich eine gute Idee ist?

Wie reagieren die Jungen, als Herr Müller aus seinem Haus kommt?

Was erzählt Herr Müller den Jungen nach dem Streich?

Wie reagiert Maximilian auf Herrn Müllers Geschichte über seine Frau?

Wie verhalten sich die Jungen nach der Entschuldigung gegenüber Herrn Müller und seiner Frau?

Übung 7: Der Punkt des Friedens

Manchmal streitet man sich mit seinen Geschwistern, Eltern oder spielt Streiche, die den anderen sehr ärgern können. Das ist ganz normal, doch es kann auch vorkommen, dass man so sehr verärgert ist, dass man gar nicht mehr aufhören kann, zu schimpfen. Mit der folgenden Übung kannst du jedoch lernen, wieder zu dir selbst zurückzufinden und dich zu beruhigen. Erst dann wird es dir gelingen, einen klaren Gedanken zu fassen und das Gespräch mit dem anderen zu suchen.

Und so geht's:

- Suche dir einen besonderen Ort in deinem Zimmer, an dem du einen farbigen Punkt anbringen kannst. Der Punkt kann eine beruhigende Farbe für dich haben, wie zum Beispiel blau oder grün.
- Immer dann, wenn du sehr verärgert bist und dich nicht beruhigen kannst, gehe zu diesem Ort und schaue den farbigen Punkt an. Dieser Ort wird dein Ruhepunkt sein.
- Stehe vor dem farbigen Punkt, schließe deine Augen und atme zwanzigmal tief und langsam ein und aus. Spüre dabei, wie sich dein Atemrhythmus beruhigt.

Wenn du merkst, dass es dir noch nicht genug geholfen hat, kannst du diesen Schritt so oft wiederholen, wie du möchtest. Atme tief ein und langsam aus, bis du dich wieder ruhiger fühlst.

Fazit: Durch das langsame und bewusste Einatmen kannst du alles um dich herum ausblenden und dich nur auf den farbigen Punkt konzentrieren. Dies hilft dir dabei, einen klaren Gedanken zu fassen und über das Geschehene nachzudenken. Auf diese Weise findest du zurück zu dir selbst und einen Weg, wie du dich mit der anderen Person versöhnen kannst.

Kapitel 8:
Der stille Joshua beweist Mut

Joshua ist ein aufgeweckter Junge, der bereits in die dritte Klasse geht. Er geht gerne in die Schule, seine liebsten Fächer sind Kunst, Sport und Mathematik. Seit der zweiten Klasse ist er sogar Klassenbester im Mathematikunterricht. Es fällt ihm jedoch schwer, sich am Klassengeschehen zu beteiligen. In den Pausen sitzt er oft still an seinem Platz oder auf der Bank auf dem Schulhof, um in seinem Heft zu zeichnen. Dabei beobachtet Joshua manchmal, was die anderen Kinder machen.

„Guten Morgen, Klasse 3b“, rief Frau Fuchs, die Klassenlehrerin von Joshuas Klasse, als sie zur Tür hereinkam.

„Guten Morgen, Frau Fuchs“, antwortete die Klasse im Chor.

„Heute sprechen wir noch einmal über Wortarten und Satzglieder. Passt noch einmal gut auf, denn schon morgen werden wir darüber eine Arbeit schreiben. Wer noch Fragen hat, sollte die Chance nutzen und sie heute stellen.“

Einige Mitschüler begannen sofort, zu schimpfen, da sie keine Lust hatten, eine Arbeit zu schreiben.

Ja, widerwillig holten sie ihre Hefte heraus, um den Unterrichtsstoff zu wiederholen. Frau Fuchs stellte ihnen immer wieder ein paar Fragen, die sie mit Hilfe ihrer Hefte beantworten konnten. Im zweiten Teil der Stunde schrieb sie 10 Sätze an die Tafel, die die Kinder abschreiben sollten. In ihren Heften mussten sie Subjekt, Prädikat und Objekt farblich markieren. Dafür hatten sie 10 Minuten Zeit. Im Anschluss daran suchte sich die Lehrerin 10 Kinder aus, die an der Tafel Subjekt, Prädikat und Objekt markieren sollten.

Zuerst waren Mara und Sophie an der Reihe. Beide waren sehr gut im Deutschunterricht und hatten keinerlei Probleme, die Aufgabe zu erfüllen. Als Joshua an der Reihe war, musste er erst einen Moment überlegen, doch auch er konnte alle drei Satzglieder richtig markieren. Nach Joshua war Till an der Reihe. Die ganze Zeit über hatte er nicht aufgepasst und seine Banknachbarin geärgert. Das rächte sich nun, denn er konnte nur ein Satzglied richtig bestimmen. Natürlich tadelte ihn Frau Fuchs für sein Benehmen und erinnerte ihn daran, dass am nächsten Tag eine Arbeit zu diesem Thema geschrieben werden sollte. Sie legte ihm außerdem ans Herz, dass er zu Hause ordentlich dafür lernen musste.

In der nächsten Stunde hatten sie Mathematik, eines von Joshuas Lieblingsfächern. Es war Mittwoch und Joshua ahnte, dass sie gewiss eine unangekündigte Kontrolle zu den Malfolgen schreiben würden. Und so kam es auch. Als Herr Hilbert das Klassenzimmer betrat, forderte er die Klasse auf, alle Hefte und Bücher vom Tisch zu räumen. Danach lief er durch die Tischreihen und verteilte Arbeitsblätter. Joshua freute sich, als er die Aufgaben sah. Für ihn waren sie einfach zu lösen. Nachdem Herr Hilbert ihnen sagte, dass sie anfangen sollten, schrieb Joshua alle Ergebnisse auf das Blatt. Schon nach kurzer Zeit hatte er alle Aufgaben gelöst. Er drehte sein Blatt um, damit ihn ein Banknachbar nicht beim Abschreiben erwischen konnte. Da die anderen Kinder noch damit beschäftigt waren, die Aufgaben zu lösen, musste er noch eine Weile warten. Ruhig blieb er auf seinem Platz sitzen und beobachtete die Klasse, während sie die Aufgaben lösten.

Sein Blick ruhte auf Georg, Tills besten Freund. Er saß neben Marie und schaute immer, wenn Herr Hilbert auf der anderen Seite des Klassenzimmers war, auf Maries Arbeitsblatt, um abzuschreiben. Kurz vor Ende der Stunde sammelte Herr Hilbert die Arbeitsblätter ein. Joshua überlegte, ob er etwas von seiner Beobachtung erzählen sollte. Er entschied sich jedoch, zu schweigen, denn sonst würde er sicher Ärger mit Georg bekommen.

Auf dem Pausenhof setzte er sich auf seine Lieblingsbank, packte sein Pausenbrot aus und schlug daraufhin sein Heft auf, welches er immer mit sich herumtrug, um darin zu malen. Doch plötzlich gewann etwas anderes seine Aufmerksamkeit. Seine Lieblingsbank stand in der Nähe des Hausmeisterschuppens, hinter dem sich manchmal ein paar Schüler versteckten. An diesem Tag waren es Till und Georg, die dort geheimnisvoll tuschelten.

„Mach dir keine Sorgen wegen Deutsch. Wir schreiben heute Nachmittag kleine Zettel, die wir dann in unserer Federtasche verstecken. Während der Arbeit können wir dann einfach die Zettel herausnehmen und die Lösungen abschreiben."

„Aber Till, was ist, wenn wir erwischt werden? Dann gibt es ja erst recht eine 6 und noch jede Menge Ärger obendrauf", sagte Georg skeptisch.

„In Mathe hast du es doch auch geschafft, bei Marie abzuschreiben, ohne dass du erwischt wurdest. Dann wird es dir auch gelingen, bei Frau Fuchs heimlich auf deine Zettel zu gucken. Oder bist du zu feige dafür?"

„Nein. Ja, ich bin nicht feige." Kurz darauf liefen die zwei Jungen zurück auf den Pausenhof. Sie hatten Joshua nicht einmal bemerkt. Dieser saß

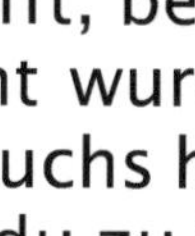

nachdenklich auf seiner Bank. Er wusste, dass Till und Georg Schwierigkeiten in der Schule hatten. Und doch verstand er auch, dass es nicht richtig war, sich gute Noten zu erschummeln. Nun stand er vor der Frage, was er tun sollte. Wenn er zu den Lehrern ging, würden die beiden eine Strafe bekommen und wahrscheinlich schlechte Noten. Behielt er das Geheimnis für sich, würde er selbst ein schlechtes Gewissen haben. Jetzt musste er also eine Lösung finden, die allen helfen würde. Für den ersten Moment fiel Joshua jedoch nichts ein.

Am Nachmittag holte ihn seine Großmutter von der Schule ab. Sofort bemerkte sie, dass Joshua etwas beschäftigte. Sie wartete einen Moment ab, damit er ihr selbst erzählen konnte, was ihn so nachdenklich stimmte. Erst als sie zu Hause waren, suchte er das Gespräch mit seiner Großmutter.

„Ich weiß nicht, was zu tun ist."

„Nun, wenn ich dir helfen soll, musst du mir schon erzählen, worum es überhaupt geht", sprach seine Großmutter mit sanfter Stimme. Joshua seufzte und entschied sich, seiner Großmutter alles zu erzählen. Er berichtete vom Unterricht und seinen Beobachtungen.

„Was soll ich tun? Wenn ich zu den Lehrern gehe, bekommen die beiden doch eine schlechte Note und wahrscheinlich jede Menge Ärger. Aber wenn ich nichts sage, fühle ich mich auch nicht gut."

„Es ist manchmal schwierig, die richtige Lösung zu finden. Vielleicht musst du den Lehrern nichts sagen, sondern das Gespräch mit den beiden Jungs suchen", riet ihm seine Großmutter.

„Mit den beiden? Aber warum? Sie hören mir doch sicher sowieso nicht zu."

„Wenn du es nicht versuchst, wirst du es nicht herausfinden.“ Seine Großmutter lächelte ihn an. Sie wusste, dass er ein eher ruhiger und zurückhaltender Schüler war. Für sie stand fest, dass diese Situation ihm Türen öffnen könnte. Wenn Joshua auf die beiden Jungs zugeht und ihnen seine Hilfe zum Lernen anbietet, könnte ihm das auch helfen. Er brauchte nur ein wenig mehr Mut, um auf die anderen zuzugehen.

„Und was soll ich denn sagen? Die lachen mich doch aus, wenn ich von meiner Beobachtung berichte. Bestimmt werden sie sagen, dass ich das alles erst einmal beweisen muss, bevor mir die Lehrer glauben.“

„Wie wäre es denn, wenn du ihnen sagst, dass du nicht zu den Lehrern gehen willst, sondern ihnen beim Lernen helfen möchtest.“

„Ich?“, fragte Joshua, der sich nicht vorstellen konnte, auf die beiden zuzugehen, um ihnen seine Hilfe anzubieten.

„Du schaffst das, mein lieber Junge. Ich glaube fest an dich.“ Einen Moment lang dachte Joshua noch nach. Die Worte seiner Großmutter machten es ihm jedoch leicht, all seinen Mut aufzubringen, den er brauchte, und zu Till nach Hause zu gehen. Georg verbrachte jeden Nachmittag bei Till, da seine Eltern lange arbeiten mussten.

Als Joshua vor dem Haus von Till stehen blieb, machte sich ein aufgeregtes Kribbeln in seinem Bauch breit. Sollte er den beiden wirklich seine Hilfe anbieten? Kurz dachte er darüber nach, wieder nach Hause zu gehen, entschied sich aber, zu klingeln.

„Was willst du denn hier?“, rief Till, als er Joshua sah.

„Ich muss mit euch reden“, antwortete Joshua und versuchte dabei, das Zittern in seiner Stimme zu unterdrücken.

„Ja, dann komm halt rein“, antwortete Till verwundert.

„Wieso hast du denn den mitgebracht?“, fragte Georg, als auch er Joshua sah.

„Er meint, er will mit uns reden, aber ich habe noch keine Ahnung, worüber.“

„Ich habe heute gesehen, dass du, Georg, bei Marie abgeschrieben hast. Und auf dem Pausenhof habe ich euch reden hören. Es ist nicht richtig, wenn ihr die Antworten auf kleine Zettel schreibt. Vielleicht bekommt ihr dadurch eine bessere Note, aber noch viel besser ist es, wenn ihr euch tatsächlich einbringt und lernt, was wir im Unterricht lernen sollen.“

„Ach ja, und wie sollen wir das bis morgen alles lernen?“ Georg verzog sein Gesicht und fand Joshuas Idee, das Ganze zu lernen, doof.

„Ich kann euch dabei helfen. Ich erkläre euch einfach noch einmal alles und wir üben zusammen. So riskiert ihr nicht, erwischt zu werden, und ihr bekommt keine schlechten Noten und Ärger.“

Joshua hatte es tatsächlich geschafft, den beiden seine Hilfe anzubieten. Er war stolz auf sich selbst und wartete nun auf die Antwort der beiden. Nachdenklich sahen Till und Georg sich an.

Skeptisch fragte Till: „Und du willst uns wirklich helfen?“

„Ja, sonst wäre ich nicht hier.“

„Vielleicht hat er recht. Joshua ist sonst immer so schüchtern und zurückhaltend. Der würde nicht fragen, wenn er es nicht ernst meinen würde“, sagte

Georg. Und tatsächlich ließen sich die beiden auf Joshuas Hilfsangebot ein. Den ganzen Nachmittag verbrachten die drei Jungen damit, alles über Satzglieder und Wortarten zu lernen.

Am nächsten Tag schrieben sie die Arbeit und zum Erstaunen von Frau Fuchs konnten Till und Georg alle Fragen und Aufgaben beantworten. Doch die Überraschung war umso größer, als sie beim Kontrollieren feststellte, dass es den beiden gelungen war, die Note zwei zu erhalten. Damit hatte sie nicht gerechnet.

„Ich weiß ja nicht, wie ihr das geschafft habt, aber dieses Mal habt ihr beide eine Zwei und ich muss sagen, das überrascht mich sehr."

„Bestimmt denken Sie, dass wir geschummelt haben, aber so war es nicht. Na gut, wir hatten es vor, aber dann kam Joshua auf uns zu und hat uns seine Hilfe angeboten. Mit ihm haben wir richtig gut gelernt."

„Das hätte ich wirklich nicht erwartet. Du hast es geschafft, aus dir herauszukommen, und dabei auch noch anderen Mitschülern geholfen", sagte Frau Fuchs und schaute zu Joshua.

An diesem Tag verstand er, dass es manchmal wichtig war, über seinen Schatten zu springen und mutiger zu sein. Das Lob der Lehrerin und der Dank von Till und Georg fühlten sich richtig gut an. Joshua ging an diesem Nachmittag stolz nach Hause und berichtete seiner Großmutter von seinem Erlebnis. Auch diese freute sich sehr darüber. Für Joshua stand fest: Zukünftig würde er mutiger sein und sich manchmal etwas mehr zutrauen.

Hier ist Platz für Gespräche

Das war ja eine schöne Geschichte, nicht wahr? Ich habe dazu ein paar Fragen vorbereitet, die du beantworten kannst. Nutze sie, um mit deinen Eltern über das zu sprechen, was dich selbst vielleicht beschäftigt. Du kannst dir auch ein paar Dinge aufschreiben. Wenn du noch nicht schreiben kannst, darfst du gerne etwas malen oder deine Eltern bitten, das aufzuschreiben, was du möchtest.

Warum fällt es Joshua schwer, sich am Klassengeschehen zu beteiligen?

Was sind Joshuas Lieblingsfächer in der Schule?

Welche Aufgabe bekommen die Schüler im Deutsch-unterricht?

Wie reagieren einige Mitschüler auf die Ankündigung, dass sie eine Arbeit über Wortarten und Satzglieder schreiben werden?

Wie schlägt sich Joshua bei der Aufgabe, Subjekt, Prädikat und Objekt zu markieren?

Welches Verhalten von Till wird in der Deutschstunde kritisiert, und welche Konsequenzen zieht die Lehrerin daraus?

Übung 8: Auf Abenteuerreise gehen und Freunde finden!

Manchmal ist es nicht leicht, auf andere zuzugehen, besonders wenn wir uns unsicher fühlen oder uns in einer schwierigen Situation befinden. Aber das Lernen, wie man auf andere zugeht, ist wie das Lernen eines neuen Spiels – mit Spaß und Abenteuern.

Und so geht's:

- Nimm ein Blatt Papier und lege es vor dich. Wir werden gemeinsam eine besondere Karte gestalten.
- Male eine Landkarte mit vielen verschiedenen Gefühlen wie Glück, Wut, Traurigkeit und Freude. Benutze dabei bunte Farben und lustige Symbole, um jedes Gefühl lebendig werden zu lassen.
- Schau dir deine „Gefühlsschatzkarte" an und überlege, wo du dich gerade emotional befindest. Bist du auf der Insel der Fröhlichkeit oder vielleicht im Tal der Traurigkeit?
- Male ein lustiges Gesicht oder ein passendes Symbol, um deine aktuelle Emotion zu markieren.
- Zeichne einen Abenteuerpfad von deiner aktuellen Gefühlsposition zu einem Ort auf der Karte, der „Freundschaft" oder „Verständnis" symbolisiert.
- Überlege, welche aufregenden Dinge du tun könntest, um diesen Ort zu erreichen. Denke an kleine Gesten, die dir helfen können, neue Freunde zu finden.
- Male eine wacklige Brücke auf deiner Karte, die diese aufregenden Schritte repräsentiert.

• Wähle eine konkrete Aktion aus der „Brücke des Lächelns“ und setze sie um. Das könnte bedeuten, jemandem ein Lächeln zu schenken oder eine nette Frage zu stellen.
• Schreibe auf, was du bei der Umsetzung erlebst. Wie hast du dich gefühlt? Hast du Mut gesammelt?

Notiere, wie sich deine Gefühle nach dem kleinen Abenteuer verändert haben. Fühlst du dich aufgeregter oder glücklicher? Hat die Aktion positive Auswirkungen gehabt?

Fazit: Das Abenteuer ist wie eine spannende Reise zu einem geheimen Schatz. Diese Übung zeigt, dass es Spaß machen kann, neue Freunde zu finden, und dass kleine Dinge große Abenteuer bewirken können. Sie hilft dir, deine Gefühle zu verstehen und zu erkennen, dass das Aufeinanderzugehen der Schlüssel zu neuen und aufregenden Freundschaften ist.

Kapitel 9:
Ali und die Vorurteile

Ali ist an diesem Mittwochmorgen ganz aufgeregt. Heute ist sein erster Schultag in der neuen Schule. Sein Vater hat eine neue Arbeit gefunden, weshalb sie umziehen mussten. Ali ist ein neugieriger Junge. Außerdem ist er klug und kann zwei Sprachen sehr gut sprechen. Eigentlich kommt seine Familie aus dem Iran, doch da es dort nicht sicher ist, haben seine Eltern entschieden, in ein anderes Land zu gehen.

„Guten Morgen, Mama. Ist das mein Essen für die Schule?“, fragt er, als er in die Küche kommt.

„Ja, du kannst es gleich einpacken. Möchtest du noch etwas frühstücken? Du hast noch etwas Zeit, ehe du zur Schule musst.“

„Ich nehme mir etwas Müsli, das reicht mir schon“, sagt Ali und macht sich sein Müsli fertig. Zusammen mit seiner Mutter sitzt er am Frühstückstisch. Beide unterhalten sich über die neue Schule und Ali erzählt, dass er nur ein bisschen aufgeregt ist. Er freut sich vor allem auf die neuen Mitschüler und hofft, dass er schnell Freunde finden kann. Nachdem er sein Müsli gegessen hat, macht er sich fertig, um mit

seinem Rad loszufahren. Schon vor ein paar Wochen hatte sein Vater ihm den Weg zur Schule gezeigt, sodass er nun allein hinfahren kann.

An der Schule angekommen, schließt er sein Fahrrad an, schaut sich einen Moment um und läuft dann zum Eingang. Dabei kommt er an einigen Schülern vorbei. Einige sehen ihn neugierig an, andere achten gar nicht auf ihn und wieder andere fangen an, über ihn zu reden. Ali aber lässt sich davon nicht beeindrucken. Seine Mutter hatte ihm immer gesagt, dass andere Menschen erst etwas Zeit brauchen, um neue Dinge oder neue Personen kennenzulernen.

Als er im großen Flur steht und auf seinen Stundenplan blickt, weiß er nicht, wohin er gehen soll. Zwar steht auf dem Plan, dass die erste Stunde in Raum 3 stattfinden würde, doch er hat vergessen, wo sich dieser befindet. Immerhin ist er zum ersten Mal in diesem Schulgebäude. Plötzlich macht sich ein Gefühl von Unsicherheit in ihm breit, das so stark wie nie zuvor ist. Zum ersten Mal fühlt sich Ali unwohl, weil er etwas nicht weiß.

„Wo willst du denn hin?", fragt ein Schüler, der hinter Ali auftaucht.

„Ich suche Raum 3“, antwortet Ali leise.

„Dann kannst du gleich mit mir mitkommen, denn ich muss auch dorthin. Ich heiße übrigens Peter und du?“ Ali ist erleichtert, dass der Junge so freundlich zu ihm ist. Er stellt sich ihm ebenfalls vor und erzählt, dass sie vorher in einer Stadt im Norden gelebt haben. Da sein Vater aber eine neue Arbeit bekam, haben sie entschieden, umzuziehen.

Wenige Minuten später kommen sie im Raum 3 an. Ein Teil der Klasse befindet sich bereits darin. Als Ali den Raum betritt, wird es plötzlich ganz still. Alle starren ihn an. Er fragt sich, woran das wohl liegen würde, doch eine Antwort findet er in diesem Moment nicht.

„Du kannst da vorne sitzen“, erklärt Peter. „Der Platz ist noch frei.“ Danach geht er selbst zu seinem Platz. Ali schaut sich um und läuft schließlich zu dem Platz, den Peter ihm gezeigt hat. Er atmet tief durch. Still denkt er: „Der Anfang ist geschafft. Und vielleicht wird Peter ja mein Freund werden.“

Kurze Zeit später kommt auch die Lehrerin und begrüßt die Klasse mit einem freundlichen Guten Morgen. Nachdem sie alle begrüßt hat, sollte sich vorstellen. Ali erzählt seine Geschichte der Klasse und bemerkt, dass einige Kinder hinter der Hand lachen. Wieder fragt er sich, warum sie das tun.

Dann beginnt der Unterricht. An diesem Tag hat er 5 Stunden: Deutsch, Mathe, Kunst, Musik und Sport. Auf die letzte Stunde hat er sich besonders gefreut, denn er liebt es, sich zu bewegen. Außerdem hofft er, dass er so besser Kontakt zu seinen neuen Mitschülern aufbauen kann, denn während der ersten 4 Stunden saß jeder an seinem Platz und musste ruhig sein, damit der Unterricht nicht gestört

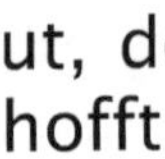

wurde. Doch seine Vorfreude auf den Sportunterricht soll schon bald getrübt werden.

Als die Jungs in ihrer Umkleide sind, fangen 2 der Mitschüler an, ihm komische Fragen zu seiner Hautfarbe zu stellen. Das hat er bisher noch nie erlebt. Eigentlich, findet er, hat er gar keine so besondere Hautfarbe; seine Haut ist nur ein bisschen dunkler als die der anderen Kinder. Andere wiederum lachen über sein dichtes schwarzes Haar, denn kein anderer der Jungen hat solche Haare wie Ali.

Plötzlich ertönt die Trillerpfeife des Sportlehrers. Das ist das Zeichen, dass alle Schüler fertig werden und in die Halle kommen sollen. Sofort rennen die Jungs los und als Ali ihnen nachlaufen will, wird ihm die Tür vor der Nase zugeschlagen. Ali versucht, ruhig zu bleiben und sich davon nicht beeindrucken zu lassen. Er öffnet die Tür und läuft ebenfalls in die Halle.

Der Sportlehrer, der bereits den Rest der Klasse in einer Reihe antreten hatte lassen, wendet sich an Ali: „Das nächste Mal bist du aber pünktlich." Ali will sich verteidigen, doch dann sieht er, dass Peter den Kopf schüttelt. Dieser scheint zu wissen, dass es zwecklos ist. Ohne ein Wort zu sagen, stellt sich Ali also mit in die Reihe.

An diesem Tag hat der Lehrer Mannschaftsspiele geplant. Es werden 2 Mädchen ausgewählt, welche ihre Mannschaften zusammenstellen sollen. Zuerst wählen sie die Jungs, die sie bereits kennen und von denen sie wissen, dass sie das Spiel gut meistern würden. Am Ende bleiben nur noch die Schüler, die das Spiel nicht so gut beherrschen. Keine der Mannschaften will Ali haben, also teilt der Lehrer ihn der Mannschaft zu, in der auch Peter steckt.

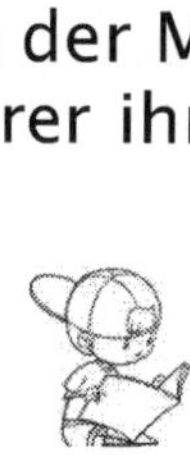

Dann beginnt das Spiel. Der Ball fliegt hin und her. Die Schüler haben viel Spaß dabei und plötzlich passiert etwas, womit Ali nicht gerechnet hat. Ali kann allen zeigen, wie gut er Fußball spielen kann. Mit einem Mal zeigen die Schüler Interesse an ihm und jeder will mit ihm zusammen spielen. Jeder ruft seinen Namen und meint, er solle zu ihnen passen. Am Ende gewinnt sogar die Mannschaft, in der Ali ist, das Spiel. Die Freude ist groß und einige Schüler rennen zu ihm, um mit Ali zu sprechen.

„Woher kannst du so gut Fußball spielen?“, fragt einer der Jungen.

„Ja, ich hab immer gedacht, dass man das bei euch nicht spielt.“

„Bei uns?“, fragt Ali verwundert.

„Na, du kommst doch aus einem anderen Land.“

„Meine Eltern kommen aus einem anderen Land. Ich bin zwar dort geboren, aber hier aufgewachsen.“

„Deswegen kannst du so gut Deutsch sprechen“, ruft ein weiterer Junge.

Noch während sie in die Umkleidekabine laufen, unterhalten sie sich weiter über das gewonnene Spiel und Ali berichtet, dass er in seiner letzten Schule sogar in der Schulmannschaft war. Und mit einem Mal verändert sich in ihm etwas. Als er an diesem Morgen das Schulgebäude betreten hatte, fühlte er sich so unsicher und ängstlich, dass er am liebsten davongelaufen wäre. Als die Schüler den ganzen Tag über komisch schauten oder komische Sachen sagten, wollte er sich am liebsten in Luft auflösen. Und nach dem gewonnenen Spiel hatten die Schüler plötzlich Interesse an ihm.

Ali versteht nicht, warum das Ganze geschah. Am Abend erzählt er seiner Mutter von seinem Tag und fragt, warum es erst so komisch war und die anderen Schüler ihn dann plötzlich mochten.

„Ich glaube, sie haben es nicht alle böse gemeint. Wir sehen nun einmal etwas anders aus mit unseren dunklen Haaren und der braunen Haut. Doch wenn man uns erst einmal kennenlernt, stellen die meisten fest, dass wir ebenfalls nur Menschen sind wie sie. Gib den anderen Kindern noch etwas Zeit, sich an dich zu gewöhnen. Du wirst sehen, je mehr du dich integrierst, desto weniger Vorurteile werden sie

haben." Sie sprechen an diesem Abend noch eine ganze Weile darüber und Ali nimmt sich vor, sich nicht immer alles so zu Herzen zu nehmen. Und eines hatte er verstanden: Auch wenn man unterschiedlich aussieht, so gibt es doch viele Dinge, die man gemeinsam hat. So war es bei ihm und seinen Mitschülern die Liebe zum Fußballspiel.

Hier ist Platz für Gespräche
Das war ja eine schöne Geschichte, nicht wahr? Ich habe dazu ein paar Fragen vorbereitet, die du beantworten kannst. Nutze sie, um mit deinen Eltern über das zu sprechen, was dich selbst vielleicht beschäftigt. Du kannst dir auch ein paar Dinge aufschreiben. Wenn du noch nicht schreiben kannst, darfst du gerne etwas malen oder deine Eltern bitten, das aufzuschreiben, was du möchtest.

Warum ist Ali aufgeregt an diesem Mittwochmorgen?

Welche Hoffnungen hat Ali bezüglich seiner neuen Schule?

Wie verläuft Alis erster Morgen an der neuen Schule?

Wie reagiert Ali auf die neugierigen Blicke und Kommentare einiger Mitschüler?

Was passiert im Sportunterricht, als Ali sich verspätet?

Wie ändert sich die Wahrnehmung von Ali durch die Mitschüler nach dem Fußballspiel?

Übung 9: Mache ein Kompliment

Wir Menschen sind alle unterschiedlich. Jeder kann etwas besser als der andere und manche Dinge eben nicht so gut wie andere. Trotzdem oder gerade deshalb sind wir alle etwas ganz Besonderes. Die folgende Übung kann dir dabei helfen, deine Mitschüler oder andere Personen genauer kennenzulernen.

Und so geht's:

- Wähle einen deiner Freunde aus:
- Schaue ihn aufmerksam an. Achte darauf, wie er oder sie sich verhält, spricht und was er oder sie gerne macht.
- Schreibe positive Eigenschaften auf, die dir an ihm auffallen. Das könnten Dinge wie Freundlichkeit, Hilfsbereitschaft, lustige Ideen oder andere schöne Eigenschaften sein.
- Schreibe auf, warum du diese positiven Eigenschaften schätzt. Das könnten Erlebnisse sein, bei denen er oder sie besonders nett oder lustig war.

Verwendet die Notizen, um liebevolle Komplimente zu formulieren. Sage deinem Freund, was du so sehr an ihm magst.

Fazit: Indem du positive Eigenschaften bei deinen Freunden entdeckst und ihnen Komplimente machst, trägst du dazu bei, eine positive und unterstützende Atmosphäre in eurer Freundschaft zu schaffen. Das zeigt, wie wichtig es ist, einander zu schätzen und freundlich miteinander umzugehen. Es macht nicht nur deine Freunde glücklich, sondern auch dich selbst, weil du die positiven Seiten in den Menschen um dich herum sehen lernst. So stärkst du eure Freundschaft und schaffst eine schöne Umgebung zum Zusammenwachsen.

Kapitel 10:
Leander hat ein besonderes Geheimnis

Eines Abends, als Leander an seinem Fenster saß und den funkelnden Sternenhimmel betrachtete, suchte er die vielen Sterne nach dem Sternbild „Der große Waagen“ ab. Seine Augen wanderten den Nachthimmel entlang, als plötzlich ein besonders großer, heller Stern seine Aufmerksamkeit auf sich zog. Dieser Stern leuchtete so viel heller als alle anderen um ihn herum. Leander konnte seine Augen kaum von diesem strahlenden Stern abwenden.

Plötzlich schien sich der Stern zu bewegen und Leander, gepackt von seiner Neugier, schnappte sich hastig seine Jacke, entschlossen, dem Stern zu folgen. Gerade als er sich auf leisen Sohlen aus dem Haus schleichen wollte, hielt er inne. Fast hätte ihn seine Mutter dabei entdeckt, wie er aus dem Haus schleichen wollte. Er hielt den Atem an und war darauf bedacht, keinen Lärm zu machen. Als seine Mutter verschwunden war, schlich er sich hinaus. Eingehüllt in seine wärmende Jacke, setzte Leander seinen Weg den Hügel hinauf fort, um dem geheimnisvollen Stern zu folgen.

Obwohl es draußen dunkel war, komische Geräusche zu hören waren und er zum ersten Mal bei Dunkelheit draußen allein unterwegs war, hatte Leander überhaupt keine Angst. Er fühlte sich sicher, weil er fest daran glaubte, dass der helle Stern ihn beschützen würde. Nach einer Weile erreichte er einen Platz auf dem Hügel. Dort standen große Steine in einem Kreis, als würden sie darauf warten, dass jemand sich darauf setzt. Also setzte sich Leander mitten in den Stein-Kreis, und was passierte? Der Stern blieb genau an Ort und Stelle stehen, als ob er auf Leander gewartet hätte!

„Oh, du wunderschöner Stern. Wohin hast du mich nur geführt? Es ist so finster hier, aber komischerweise habe ich überhaupt keine Angst", flüsterte Leander erstaunt, während er den Stern betrachtete. Plötzlich setzte sich der Stern in Bewegung und Leander folgte ihm erneut. Gemeinsam gelangten sie zu einer Höhle, die ganz in der Nähe war.

„Hallo Leander. Schön, dass du mir vertraust. Du musst wissen, ich bin kein gewöhnlicher Stern, sondern der Freund des Himmelsfalken. Er hat dich ausgewählt, zu ihm zu kommen. Er möchte dir ein Geheimnis verraten."

„Mich? Warum denn ausgerechnet mich? Ich bin doch nur ein ganz gewöhnlicher Junge", antwortete Leander verwundert. Er konnte nicht glauben, was er da hörte, und sah den Stern mit weit aufgerissenen Augen an.

„Du wirst es schon sehen. Komm, lass uns zu ihm gehen", sprach der Stern und leuchtete ihm den Weg durch die Höhle.

Leander folgte ihm aufgeregt. Noch nie hatte er etwas von einem Himmelsfalken gehört. Wie er wohl aussehen würde? Was hatte er für ein Geheimnis,

das er ausgerechnet ihm anvertrauen wollte? Doch neben seiner Neugier waren da auch noch die Zweifel, die ihm durch den Kopf gingen. War er es wirklich wert, dass man ihn auswählte? Konnte man ihm tatsächlich ein Geheimnis anvertrauen?

Obwohl er sich freute, einen Himmelsfalken zu sehen und dass er ihn erwählt hatte, so glaubte Leander den fiesen Worten, welche einige der anderen Kinder seiner Schule immer wieder zu ihm sagten. Diese flüsterte ihm seine innere Stimme genau in diesem Moment zu, als er mit sich haderte, ob er tatsächlich zum Himmelsfalken gehen sollte. Es verging kaum ein Tag, an dem er nicht geärgert wurde. Oft machten sie sich über seine Brille und die rotgelockten Haare lustig. Einmal, als Leander seine Brille vergessen hatte und etwas laut vorlesen sollte, hatte Tom gemeint, dass er noch einmal zurück in die erste Klasse gehen sollte. Tom war der Meinung, dass Leander nicht lesen konnte.

In Leanders Gedanken sprach er mit sich selbst: „Vielleicht haben sie recht. Vielleicht bin ich wirklich nicht besonders. Aber warum sollte der Himmelsfalke dann ausgerechnet mich auswählen?"

Doch plötzlich wurde er aus seinen Gedanken gerissen. Der Stern schien sich in eine andere Richtung zu bewegen und leuchtete einen Weg zu einer verborgenen Höhle. Ohne zu zögern, folgte Leander dem Stern in die Dunkelheit. Inmitten der Höhle befand sich ein geheimer Raum, der durch das Licht des Sterns so wunderschön funkelte und leuchtete, dass Leander seinen Augen kaum traute. Und dann erblickte er den Himmelsfalken, der auf einem Baum in der Mitte saß. Seine weißen Schwanzfedern reichten fast bis zum Boden. Leander war erstaunt über

dessen wunderschönes, weißes Gefieder, das im Licht glitzerte.

Leander stand einfach nur da und schaute den Vogel aufmerksam an. Er wusste nicht, was ein einfacher Junge wie er zu einem so prächtigen Vogel sagen sollte, und wartete darauf, dass der Himmelsfalke zu sprechen begann. Leander bewunderte die Höhle, die durch das Licht des Sterns so wunderschön funkelte und leuchtete, dass er seinen Augen kaum traute. Die schimmernden Wände und der geheime Raum faszinierten ihn. Der Falke breitete majestätisch seine Flügel aus, wodurch er die Aufmerksamkeit des Jungen auf sich zog. Dann begann er, zu sprechen, dabei klang seine Stimme sanft wie der Klang des Windes:

„Leander, schön, dass du zu mir gekommen bist. Auch wenn du dich fragst, warum ausgerechnet du. Ja, ich kenne deine Geschichte, jedes Lächeln und jede Träne. Du magst dich als ein ganz normales Kind sehen, aber für mich bist du etwas Besonderes und Kostbares. In dir steckt etwas, das selbst der hellste Stern am Himmel nicht besitzt."

Leander schaute den Falken erstaunt an und seine Zweifel schienen für einen Moment in den funkelnden Lichtern des geheimen Raums zu verblassen.

„Warum ausgerechnet ich? Ich bin nur ein einfacher Junge, sonst nichts", erklärte Leander mit trauriger Stimme.

„Weil du einen besonderen Platz in deinem Herzen für die Magie bewahrt hast. Auch wenn die Welt manchmal dunkel erscheint, trägst du das Licht der Hoffnung in dir. Deine Freude am Träumen und deine Fähigkeit, die Schönheit im Einfachen zu sehen, haben mich zu dir geführt."

Der Himmelsfalke schwebte zu Leander herunter und erklärte ihm, dass jeder Mensch eine einzigartige Verbindung zu einem geheimnisvollen magischen Wesen besitzt. Er erzählte von den Sternen, die sich viele Geschichten erzählen, und von den Geheimnissen, die in den Herzen der Menschen schlummern.

„Nun, mein lieber Junge, ich habe dir ein Geschenk mitgebracht", sagte der Himmelsfalke und forderte Leander auf, näher zu kommen. In seinem Schnabel trug er eine leuchtende Feder. Leander schaute den Falken erstaunt an.

„Diese besondere Feder stammt aus meinem Gefieder. Sie wird dir helfen, die Magie in dir zu entdecken. Lass die Zweifel und die Worte anderer Kinder nicht an dich heran. Sie trüben nur dein Herz. Du bist stark und mutig. Du hast die Fähigkeit, deinen eigenen, ganz besonderen Weg zu gehen."

Leander nahm die leuchtende Feder behutsam entgegen. In dem Moment, in dem er sie berührte, spürte er eine Wärme, die durch seinen Körper strömte. Und plötzlich wich alle Unsicherheit.

„Danke, lieber Himmelsfalke. Ich werde deine Feder wie einen Schatz beschützen. Vielleicht kann ich auch anderen Menschen helfen, ihre Magie zu entdecken", sagte Leander mit einem Lächeln.

Der Himmelsfalke nickte zustimmend und flog schließlich aus der Höhle hinaus in die Nacht, wo er den Himmel in helles Licht tauchte. Es sah so aus, als würden viele Sternschnuppen zusammen am Himmel entlangziehen. Leander, der erfüllt von Zuversicht war, kehrte nach Hause zurück.

In den kommenden Tagen begann er, die leuchtende Feder zu nutzen. Jeden Abend, wenn die Sterne am Himmel erschienen, setzte er sich an seinen Schreibtisch und begann, Geschichten zu schreiben. Mit jedem Wort, das er mit der Feder schrieb, spürte er die Magie in sich erwachen und die Worte flossen wie von selbst auf das Papier.

Mithilfe der Feder konnte Leander seine Gedanken und Träume in lebendige Geschichten verwandeln und auch all das aufschreiben, was ihn bedrückte. Dadurch fühlte er sich jedes Mal etwas besser. Leander entdeckte die Freude am Schreiben, die er nie zuvor so intensiv gespürt hatte. Von diesem Tag an schrieb er alles auf, was ihm in den Sinn kam.

Hier ist Platz für Gespräche
Das war ja eine schöne Geschichte, nicht wahr? Ich habe dazu ein paar Fragen vorbereitet, die du beantworten kannst. Nutze sie, um mit deinen Eltern über das zu sprechen, was dich selbst vielleicht beschäftigt. Du kannst dir auch ein paar Dinge aufschreiben. Wenn du noch nicht schreiben kannst, darfst du gerne etwas malen oder deine Eltern bitten, das aufzuschreiben, was du möchtest.

Warum schaut Leander eines Abends aus seinem Fenster?

Warum folgt Leander dem besonders hellen Stern?

Was erfährt Leander von dem Stern in der Höhle?

Warum zweifelt Leander an seiner Auswahl durch den Himmelsfalken?

Wie reagiert Leander auf die leuchtende Feder und die Worte des Himmelsfalken?

Welche Veränderungen erlebt Leander in den kommenden Tagen?

Übung 10: Mein geheimes Tagebuch

Manchmal kommt es vor, dass man sich am liebsten nur verstecken möchte. Andere ärgern einen, dann passieren nur Missgeschicke oder aber man möchte jemandem etwas geheimes erzählen, traut sich aber nicht. Oft machen wir uns dann viel zu viele Gedanken. Wenn es auch dir so geht, wird dir die folgende Übung helfen, deine Gedanken gut zu sortieren.

Und so geht's:

- Suche dir ein Tagebuch aus. Es kann bunt oder mit coolen Bildern gestaltet sein. Schnapp dir viele bunte Stifte oder Buntstifte – je mehr Farben, desto besser!
- Stell dir vor, dass du ein kleiner Zauberer bist, der jeden Tag einen besonderen Moment findet. Das kann etwas sein, das dich fröhlich macht oder etwas total Lustiges!
- Setze dich abends gemütlich hin. Überlege dir, was heute besonders magisch war. Schreibe es in dein Tagebuch! Wie hat es sich angefühlt? Warum war es so besonders?
- Male Bilder dazu oder klebe bunte Sticker drauf. Deiner Fantasie sind keine Grenzen gesetzt!
- Nach einer Woche schaust du dir alle Einträge an. Überlegt gemeinsam, wie es dem kleinen Zauberer beim Schreiben gegangen ist. Gab es Tage, die besonders lustig oder spannend waren?
- Hat das Zauber-Tagebuch Spaß gemacht? Gab es Überraschungen oder lustige Erkenntnisse?

Stelle dir vor, dass das Tagebuch dein magischer Ort ist, um die positiven Dinge festzuhalten und sich auf die schönen Momente zu konzentrieren. Es ist dein persönliches Zauberbuch, das die Freude des Alltags bewahrt.

Fazit: Dieses Zauber-Tagebuch-Abenteuer ist wie eine Reise für kleine Entdecker. Ihr werdet zusammen magische Momente entdecken und festhalten. Das regelmäßige Schreiben über verschiedene Erlebnisse hilft dir dabei, die schönen Dinge im Leben zu schätzen.

Schlusswort

Jetzt, da wir am Ende dieses Buches angekommen sind, möchte ich mich herzlich bei all meinen aufmerksamen Lesern für ihr Interesse an meinen Geschichten bedanken. Es erfüllt mich mit Freude, Geschichten zu schreiben, die sowohl Groß als auch Klein begeistern.

Jede Geschichte hat ihren eigenen Zauber und ihre eigenen Lehren. Mein Ziel ist es, dir zu zeigen, dass du etwas ganz Besonderes bist und dass in dir bereits alles steckt, was du brauchst, um ein mutiger Abenteurer zu sein. Die Reise zu dir selbst erfordert manchmal Mut, aber ich bin sicher, dass du im Laufe der Zeit immer besser darin wirst, deine Fähigkeiten zu entdecken und zu entfalten.

Die Welt ist voller Abenteuer und Möglichkeiten, die darauf warten, von dir erkundet zu werden. Bleibe neugierig, sei mutig und vor allem: Glaube an dich selbst. Du bist einzigartig und es gibt niemanden auf der Welt, der genau wie du ist.

Möge jede Geschichte, die du liest, eine Ermutigung für dich sein. Vielen Dank für deine Zeit und dein Interesse. Ich hoffe, wir begegnen uns bald wieder auf einer neuen Abenteuerreise durch die Welt der Geschichten. Bis dahin wünsche ich dir alles Gute auf deinem eigenen Abenteuer!

Liebe Erwachsene,

ich danke Ihnen herzlich dafür, dass Sie dieses Buch erworben haben. Falls es Ihnen und Ihrem Sohn gefallen hat, würde ich mich über Ihre Unterstützung in Form einer Bewertung sehr freuen. Ihr Feedback hilft mir, mein Schreiben zu verbessern, und ermöglicht es gleichzeitig anderen Eltern und Kindern, von den Geschichten des Buches zu profitieren.

Ihre Meinung ist für mich von großem Wert und ich schätze Ihre Zeit und Aufmerksamkeit. Vielen Dank im Voraus für Ihre Rückmeldung, ich hoffe, dass meine Geschichten einen positiven Einfluss auf Ihre Leseerfahrung hatten.

Haftungsausschluss

Die Umsetzung aller enthaltenen Informationen, Anleitungen und Strategien dieses Werkes erfolgt auf eigenes Risiko. Für etwaige Schäden jeglicher Art kann der Autor aus keinem Rechtsgrund eine Haftung übernehmen. Für Schäden materieller oder ideeller Art, die durch die Nutzung oder Nichtnutzung der Informationen bzw. durch die Nutzung fehlerhafter und/oder unvollständiger Informationen verursacht wurden, sind Haftungsansprüche gegen den Autor grundsätzlich ausgeschlossen. Ausgeschlossen sind daher auch jegliche Rechtsund Schadenersatzansprüche. Dieses Werk wurde mit größter Sorgfalt nach bestem Wissen und Gewissen erarbeitet und niedergeschrieben. Für die Aktualität, Vollständigkeit und Qualität der Informationen übernimmt der Autor jedoch keinerlei Gewähr. Auch können Druckfehler und Falschinformationen nicht vollständig ausgeschlossen werden. Für fehlerhafte Angaben vom Autor kann keine juristische Verantwortung sowie Haftung in irgendeiner Form übernommen werden.

Urheberrecht

Impressum

Verlag:

Little Heroes Books

1. Auflage

Kontakt:

Marvin Janzen

Saalestraße 46

51371 Leverkusen

Bild Fußzeile von brgfx auf Freepik

Printed in Poland
by Amazon Fulfillment
Poland Sp. z o.o., Wrocław

33253736R00083